W0250768

VORWORT

Dieses Lehrwerk bietet eine systematische Einführung in die moderne türkische Standardsprache. Es wurde von Lehrkräften der Universität Ankara entwickelt und über Jahre hinweg im Unterricht erprobt.

Türkisch aktiv ist ein Sprachkurs für den Gruppenunterricht und eignet sich in besonderem Maße für den Einsatz an der Volkshochschule. Zu jedem Band des Lehrbuchs sind Zusatzmaterialien für das selbständige Üben und Wiederholen erschienen.

Der vorliegende **zweite Band** festigt die in Band 1 erworbenen grammatischen Strukturen und führt zusätzliche wichtige Regeln ein. In vierzehn Lektionen wird ein Wortschatz von rund 1000 weiteren Wörtern vermittelt.

Neben den Dialogen erhalten in Band 2 die Lesestücke mehr Gewicht, so daß der Übergang zur Lektüre literarischer Texte ermöglicht wird. Am Ende der Arbeit mit diesem Band sollte der Lernende darüber hinaus imstande sein, selbst schriftliche Mitteilungen zu verfassen.

Die Lektionen gliedern sich wie bisher in Dialog und/oder Lesestück, Sprachlehre- und Übungsteil.

Die *Dialoge* stellen die sprachlichen Umgangsformen im Rahmen wichtiger Alltagssituationen dar und machen darüber hinaus mit den türkischen Lebensverhältnissen bekannt. Der Lernende erwirbt die Fähigkeit, sich etwa in folgenden Situationen korrekt und verständlich auszudrücken: Im Hotel, im Restaurant, in der Boutique, beim Lebensmitteleinkauf, beim Arzt, im Buchladen ... Die *Lesetexte* behandeln neben der Alltagssprache auch die Zeitungssprache; ferner führen einfache Gedichte bekannter türkischer Lyriker in diesen wichtigen Bereich der türkischen Sprache und Kultur ein.

Die *Sprachlehre* bietet eine leicht verständliche Darstellung der grammatischen Regeln, ohne mit linguistischer Terminologie überfrachtet zu sein. Vielmehr helfen zahlreiche Übersichtstabellen und Musterbeispiele, mit einem Blick das Wichtigste zu erfassen und seine Funktion im sprachlichen Kontext zu begreifen.

Die *Übungen* vertiefen den im Sprachlehreteil vermittelten Stoff und festigen gleichzeitig die in Band 1 erworbenen Strukturen. Es handelt sich überwiegend um einsprachige Umformungs- und Ergänzungsübungen nach vorgegebenen Mustersätzen, wie sie sich im Gruppenunterricht bewährt haben. Die Übungen eignen sich aber auch für die selbständige Wiederholung zuhause.

Das *Bildmaterial* wurde so ausgewählt, daß es in den Unterrichtsverlauf mit einbezogen werden kann. Allen Dialogen sind als zusätzliche Verständnishilfe Fotos der zugehörigen Personen und Handlungsabläufe beigegeben; zusätzliche Bildergeschichten dienen als Anregung für das freie Sprechen. Die Illustrationen im Grammatik- und Übungsteil verdeutlichen grammatische Konstruktionen bzw. Sprechinhalte, können aber auch für das Unterrichtsgespräch genutzt werden.

Zu diesem Lehrbuch gehört ein **türkisch-deutsches Glossar,** in dem sämtliche Wörter, Wortverbindungen, Arbeitsanweisungen und Erläuterungen übersetzt sind:

Türkisch aktiv Glossar 2 Bestell-Nr.: 48931

Das Glossar hilft dem Lerner, den Unterrichtsstoff selbständig zu vertiefen oder nachzuarbeiten und seinen Wortschatz zu festigen.

Zum Lehrbuch sind ferner drei **Begleitcassetten** mit je 60 Minuten Spieldauer erhältlich:

Cassette 2A (Lektion 1– 5) Bestell-Nr.: 48925
Cassette 2B (Lektion 6– 9) Bestell-Nr.: 48926
Cassette 2C (Lektion 10–14) Bestell-Nr.: 48927

Die Cassetten enthalten Dialoge und Lesestücke aller Lektionen sowie ausgewählte Übungen mit Nachsprechpausen und Lösungen, dargeboten von professionellen Sprechern. Sie eignen sich deshalb besonders für die individuelle Hörverstehens- und Aussprachekontrolle und erleichtern das Üben zuhause.

DER VERLAG

İÇİNDEKİLER
(INHALT)

1. Ders:	**Otelde** *(Im Hotel)*	8
	Resepsiyonda *(An der Rezeption)*	11
Dilbilgisi:	Ulaç: -arak (-erek) Ali etrafına bak**arak** yürüyor. Sıfat eki: -lı (-li, -lu, -lü) banyo**lu** oda Olumsuz sıfat eki: -sız (-siz, -suz, -süz) banyo**suz** oda	12
2. Ders:	**Lokantada** *(Im Lokal)*	22
	Dönercide *(Am Imbißstand)*	24
Dilbilgisi:	-dan beri (-den beri) Dün**den beri** kar yağıyor. -dır (-dir, -dur, -dür) İki gün**dür** yağmur yağıyor. Pekiştirme sıfatları: p: kırmızı, kı**p**kırmızı m: beyaz, be**m**beyaz s: mavi, ma**s**mavi r: temiz, te**r**temiz	26
3. Ders:	**Giyim Mağazasında** *(In der Boutique)*	34
	Cengiz Bey Elbise Alıyor *(Herr Cengiz kauft einen Anzug)*	37
Dilbilgisi:	Dilek-şart kipi: -sa (-se) Param ol**sa** gemi alırdım.	38
4. Ders:	**İş Dönüşü** *(Nach der Arbeit)*	46
	Ahmet Muhip Dranas: Serenad *(Gedicht)*	49
Dilbilgisi:	Belirsiz geçmiş zaman: -mış (-miş, -muş, -müş) Dün gece çok ders çalış**mış**	50
5. Ders:	**Piknikte** *(Beim Picknick)*	58
	Otobüs Durağında *(An der Bushaltestelle)*	61
Dilbilgisi:	Yeterlik eylemi: -a (-e)bilmek; Bu paketi kaldır**abil**irim	62

6. Ders: **Doktorda** *(Beim Arzt)* 70
Kışın Nelere Dikkat Etmeliyiz?
(Worauf müssen wir im Winter achten?) 73

Dilbilgisi: Gereklik kipi: -malı (-meli) Sigarayı bırak**malı**sın.
-ma (-me) Sigarayı bırak**ma**n lazım.
-mak (-mek) Çok çalış**mak** gerek.
-ken ulacı: Kahvaltı yapar**ken** gazete okurum. 74

7. Ders: **Dişçide** *(Beim Zahnarzt)* 82
Erksin Hanımın Dişi Çekiliyor
(Frau Erksin wird ein Zahn gezogen) 84

Dilbilgisi: Edilgen eylem: -l (-ıl, -il, -ul, -ül) Kapı açı**ldı**.
-n (-ın, -in, -un, -ün) Gemi gör**ün**dü.
Küçültme Sıfatları: -ca (-ce, -ça, -çe) küçük**çe**
-cık (-cik, -cuk, -cük) küçü**cük**
-cık, -cağız: anne**ciğ**im, kadın**cağız** 86

8. Ders: **Kitapçıda** *(Im Buchladen)* 92
Bilgin ile Kayıkçı *(Der Gelehrte und der Bootsmann)* 95

Dilbilgisi: -an (-en) gel**en** adam, okun**an** kitap
-acak (-ecek) okun**acak** kitap, kalk**acak** uçak
-dık (-dik, -duk, -dük) oku**duğ**um kitap 97

9. Ders: **Üniversitede Hipnotizma**
(Hypnose in der Universität) 104
Üç Şiir *(Drei Gedichte)* 106

Dilbilgisi: -dığı zaman: Dün akşam odaya gir**diğim zaman** sen uyuyordun.
-dığımda: Dün gel**diğimde** sen yoktun.
-dığı için: Akşam eve geç git**tiğim için** annem kızdı.
Sıra sayı sıfatları: -ncı (-nci, -ıncı, -inci, -uncu, -üncü)
Ahmet bu yıl yarışlarda bir**inci** geldi. 108

10. Ders: **Memur Hayatı** *(Beamtenleben)* 114
Nasrettin Hocanın Paltosu *(Der Mantel des Nasrettin Hoca)* 117

Dilbilgisi: -ınca, -ince: Adam bayıl**ınca** hemen cüzdanını al. 119

11. Ders: **Berna Hanım Tiyatroya Gidiyor** *(Frau Berna geht ins Theater)* 126
Bugün Nereye Gidelim? *(Wohin gehen wir heute?)* 129

Dilbilgisi: Dönüşlü Eylem: -n (-ın, -in, -un, -ün)
Lütfi Bey banyoda yıka**n**dı.
-la (-le): Erol Bey çok yaş**la**ndı. 130

12. Ders: **Benzincide** *(An der Tankstelle)* 138
Kamyonla Araba Çarpıştı *(Ein Verkehrsunfall)* . . . 141

Dilbilgisi: İşteş eylem: -ş, (-ış, -iş, -uş, -üş)
Hamza Beyle İsmail Bey selamlaştılar.
Ortaç: **-dikten sonra:** Cumhurbaşkanı gel**dikten sonra** tören başlayacak. 142

13. Ders: **Usta Şoför** *(Der geschickte Fahrer)* 148
İklim Dengesi *(Klimaausgleich)* 151

Dilbilgisi: Ulaç: -a (-e) Çocuklar koş**a** koş**a** arabaya gittiler.
-alı (-eli) Esen Hanım yaz geldi gel**eli** tatile çıkmadı.
Ortaç: -ır (-ir, -ur, -ür), -ar (-er)
Çocuklar uyan**ır** uyan**maz** hemen arabaya koştular.
Arabaya benzin koy**ar** koy**maz** hemen çalıştı.
-mış (-miş, -muş, -müş) pişmek + yemek: piş**miş** yemek
Berna Hanım piş**miş** yemekleri masaya getirdi. 152

14. Ders: **Uludağ'da** *(Auf dem Uludağ)* 158
İlk Heyecan *(Die erste Aufregung)* 161

Dilbilgisi: Eylem çekimleri: Şimdiki zaman, Geniş zaman, Belirli geçmiş zaman, Belirsiz geçmiş zaman, Gelecek zaman.
Dilek, İstek, Gereklik, Emir. 162

1

OTELDE

Bülent: İyi akşamlar.

Otelci : İyi akşamlar efendim.

Bülent: Boş odanız var mı?

Otelci : Kaç kişilik?

Bülent: Bir kişilik.

Otelci : Var efendim. İki odamız boş. Görmek istiyor musunuz?

Bülent: İyi olur.

Otelci : Buyurun anahtarı alın. Görevli arkadaş size odaları göstersin. Asansör şurada, merdivenin yanında.

Bülent: Bu oda güzel. Fakat cadde tarafında gürültü çok oluyor.

Otelci : Arka tarafta bir oda daha var. Bir de oraya bakın.

Bülent: Bu oda güzel. Fiyatı ne kadar?

Otelci : Geceliği 750 lira.

Bülent: Bu odayı tutuyorum.

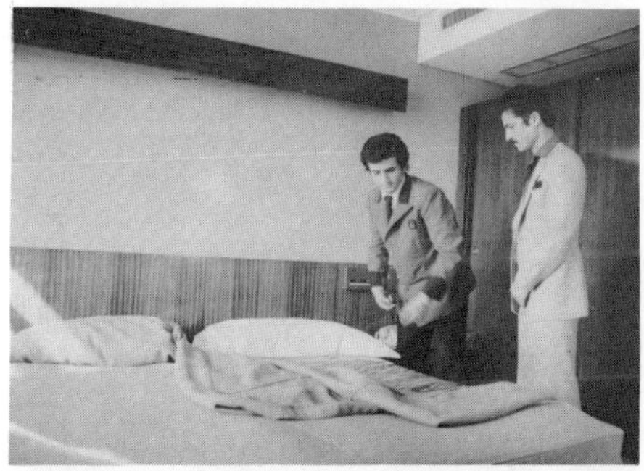

Otelci : Kaç gün kalacaksınız?

Bülent: Üç gün kalacağım.

Otelci : Şu fişi doldurmanız gerekiyor. Lütfen sorularıma cevap verin?

Bülent: Tabii, buyurun, sorun.

Otelci : Adınız?

Bülent: Bülent.

Otelci : Soyadınız?

Bülent: Samlı.

Otelci : Baba adı?

Bülent: Sadun.

Otelci : Doğum tarihiniz?

Bülent: 1950.

Otelci : Doğum yeriniz?

Bülent: İzmir.

Otelci : Evli misiniz?

Bülent: Hayır, bekârım.

Otelci : Teşekkür ederim.

— İyi günler hanımefendi.
— İyi günler.
— 30 34 64 numarayı bağlar mısınız?
— Hemen bağlıyorum, ayrılmayınız.

— Bu oda sessiz ve rahat.
— Ön taraf çok gürültülü.
— Caddeden çok ses geliyor.
— Bu odada rahat edeceksiniz.

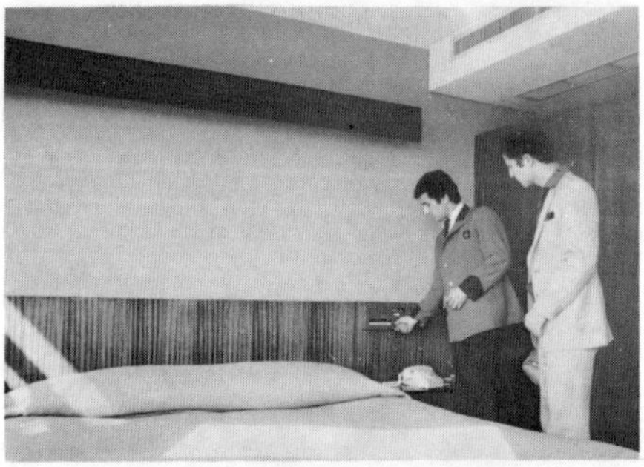

— Çarşafları değiştirdiniz mi?
— Hepsini bu sabah değiştirdim.
— Banyodaki havlu da temiz mi?
— Evet, onu da yeni değiştirdim.

— Otelde üç gün mü kalacaksınız?
— Kesin değil, belki uzatacağım.
— Ne kadar uzatacaksınız?
— Bir hafta kadar.

RESEPSİYONDA

Resepsiyon Memuru: Buyurun efendim.
Bülent : Size bir not bırakmak istiyorum.
Resepsiyon Memuru: Ne hakkında?
Bülent : Bu akşam yemeğe misafirlerim gelecek.
Resepsiyon Memuru: Kaç kişi?
Bülent : Üç kişi.
Resepsiyon Memuru: Misafirleriniz saat kaçta gelecek?
Bülent : Akşam saat yedide gelecekler. Ben de saat altıda geri döneceğim.
Resepsiyon Memuru: Yemeği saat yedide mi yiyeceksiniz?
Bülent : Yemekten önce oturur biraz sohbet ederiz. Yemeği saat sekizde yeriz.
Resepsiyon Memuru: Oldu efendim, ben size saat sekiz için dört kişilik bir masa ayırtırım.
Bülent : Teşekkür ederim.

Dilbilgisi:

1. -erek, (-arak) ulacı:

Ali etrafına bakıyor. Ali yürüyor. — Ali nasıl yürüyor? — Etrafına bak**arak**.	Ahmet gülüyor. Ahmet bana bakıyor. — Ahmet nasıl bakıyor? — Gül**erek**.

Ali etrafına bak**arak** yürüyor.

Ahmet bana gül**erek** bakıyor.

Kardeşim yürüyor.
Kardeşim okula gidiyor.
— Kardeşim okula nasıl gidiyor?
— Yürüy**erek**.

Çocuk koştu.
Çocuk gitti.
— Çocuk nasıl gitti?
— Koş**arak**.

Kardeşim okula yürüy**erek** gidiyor.

Çocuk koş**arak** gitti.

2. -lı (-li, -lu, -lü) sıfat eki:

-sız (-siz, -suz, -süz) olumsuz sıfat eki:

banyo**lu** oda	banyo**suz** oda
fayda**lı** kitap	fayda**sız** kitap
ağaç**lı** yol	ağaç**sız** yol
bahçe**li** ev	bahçe**siz** ev
tehlike**li** madde	tehlike**siz** madde
tuz**lu** su	tuz**suz** su
gözlük**lü** öğrenci	gözlük**süz** öğrenci
şeker**li** kahve	şeker**siz** kahve

Fayda**lı** kitaplar okuyunuz, fayda**sız** kitaplar size bir şey kazandırmaz.

Bahçe**li** evler, bahçe**siz** evlerden daha güzeldir.

Denizlerin suyu tuz**lu**dur, ırmakların suyu tuz**suz**dur.

Gözlük**lü** öğrenciler, gözlük**süz** öğrencilerden daha çok kitap okuyorlar.

—Kahveyi şekerli mi içersiniz?
— Hayır, lütfen şekersiz olsun.

— Odalarınız banyo**lu** mu?
— Hayır, malesef banyo**suz.**

Atasözleri:

Diken**siz** gül olmaz.
Bit**li** baklanın kör alıcısı olur.
Oynaşına inanan avrat, er**siz** kalır.
Kusur**suz** güzel olmaz.
Kusur**suz** dost arayan, dost**suz** kalır.

Alıştırmalar:

1. Lütfen cevap veriniz.

Bitte nicht ausfüllen

1. Otele kim gidiyor? ....
2. Otelde kaç oda boş? ....
3. Cadde tarafındaki oda nasıl? ....
4. Bülent hangi odayı tutuyor? ....
5. Bülent otelde kaç gün kalıyor? ....
6. Otelde asansör var mı? ....
7. Bülent'in doğum yeri neresi? ....
8. Bülent'in doğum tarihi kaç? ....

2. Lütfen boşlukları doldurunuz.

Neş**eli** insanları severim. — Neş**esiz** insanları sevmem.

1. Akıl.......... çocukları severim.
2. Dalga......... denizi severim.
3. Yağmur...... havaları severim.
4. Resim .... kitapları severim.
5. Limon........ çayı severim.
6. Ütü .... elbiseyi severim.
7. Güneş .... havaları severim.
8. Sabır.......... insanları sevmem.

Akıl......... çocukları sevmem.
Dalga....... denizi sevmem.
Yağmur.... havaları sevmem.
Resim....... kitapları sevmem.
Limon...... çayı sevmem.
Ütü.......... elbiseyi sevmem.
Güneş...... havaları sevmem.
Sabır........ insanları sevmem.

3. Lütfen doğru cevabı işaretleyiniz.

Bitte nicht ausfüllen

Geçen hafta yalnız bir gün okula ......

☐ gitmem.
☐ gitmeyeceğim.
☐ giderim.
☐ gitmedim.

— Evvelki gün kahvaltı.................

☐ yapmam.
☐ yapmadım.
☐ yapayım.
☐ yaparım.

.......kurşunkalem var?

☐ Kimden
☐ Kime
☐ Kimin
☐ Kimde

Sakın içkili araba ....

☐ kullan.
☐ bin.
☐ sat.
☐ kullanma.

4. Lütfen iki cümleyi birleştiriniz.

a. Çocuk ağlıyor. b. Çocuk bana bakıyor. Çocuk ağlayarak bana bakıyor.

a. Ağzını kapa.
b. Öksür.

....

a. Planlı çalıştı.
b. İyi not aldı.

Bitte nicht ausfüllen

....

a. Koştu.
b. Gitti.

....

a. Yazınız.
b. Çalışınız.

....

a. Bağırdı.
b. İçeri girdi.

Bitte nicht ausfüllen

....

a. Güldü.
b. Geçti.

....

5. Lütfen soru cümlesine çeviriniz.

Arabasız bir yere gitmez. — Arabasız bir yere gitmez mi?

1. Tren rötarsız geldi. ....
2. Bu ay, parasız kaldı. ....
3. Aralıksız üç saat çalıştım. ....
4. Sensiz sokağa çıkmam. ....
5. Bugün çok halsizim. ....

6. Lütfen olumsuz yapınız.

Ali akıllı, bilgili bir adamdır. — **Ali akılsız, bilgisiz bir adamdır.**

1. Ahmet güçlü ve kuvvetlidir. ....
2. Turgut kaloriferli bir ev aldı. ....
3. Çantalı bir adam seni aradı. ....
4. Gözlüklü kız bize bakıyor. ....
5. Telefonlu bir daire kiraladım. ....
6. Banyolu bir oda istiyorum. ....

Bitte nicht ausfüllen

7. Lütfen cevap veriniz.

Siz nerelisiniz? — Iraklıyım.

1. Sen nerelisin? Ankara..
2. O nereli? Ürdün..
3. Onlar nereli? İran..
4. Siz nerelisiniz? İstanbul..
5. Biz nereliyiz? İzmir..
6. O nereli? İsviçre..

8. Lütfen boşluklara -siz(-sız, -süz, -suz ve -li (-lı, -lu, -lü) eklerini yazınız.

Dalga..... denizi severim. — Dalga**sız** denizi severim.

1. Öğretmen, sınıfa kravat ....girmez.
2. Yağmur....... havalarda dışarı çıkmam.
3. Şeker istemem, çayımı şeker.......içeceğim.
4. Okula niçin defter.......kitap.....geldin?
5. Ali hak.......Ahmet hak.......
6. Sen hak.......ama ben de hak.......
7. Şu gözlük.......adamı tanıyor musun?

Henrike ve Gönül Otelde

Henrike ile Gönül otele gid**erek** bir oda kiralamak istiyorlar.

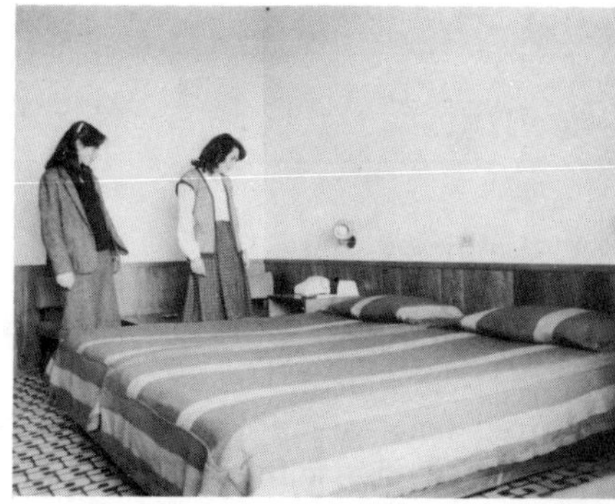

Otelci onlara iki kişilik bir oda gösteriyor. Odanın geceliği 3000 lira.

Henrike telefonun çalışıp çalışmadığını kontrol ediyor.

Aynaya bak**arak** saçlarını tarıyor. Makyaj yapıyor.

Aşağı salona inerek birlikte oturuyorlar. Oteli çok pahalı buluyorlar.

Bir gazete al**arak** kiralık ev ilanlarına bakıyorlar.

9. Lütfen cümle kurunuz.

çıkma-okul-zaman — Okuldan çıkma zamanı.

1. dönme-ev-saat — Eve.......................................
2. çocuk-saat-uyutma — Çocuğu.......................................
3. gün-sınav-yazılı — Yazılı.......................................
4. ders-çıkma-saat — Dersten.......................................
5. tren-saat-hareket — Trenin.......................................
6. çocuk-uyku-saat — Çocuğun.......................................

10. Lütfen cevap veriniz.

İyi, ama otobüsü kaçıracağız. — Olsun, taksiyle gideriz.

1. İyi, ama geç kalacağız. — Olsun,.......................................
2. İyi, ama evde yemek yok. — Olsun,.......................................
3. İyi, ama adresi yok. — Olsun,.......................................
4. İyi, ama onu tanımıyoruz. — Olsun,.......................................
5. İyi, ama yorgunuz. — Olsun,.......................................

Atasözleri:

Az söyle, çok dinle.
Bugünün işini yarına bırakma.
Akıl yaşta değil, baştadır.
Damlaya damlaya göl olur.
Arslan yatağından bellidir.
Dikensiz gül olmaz.
Dost acı söyler.
Akıl para ile satılmaz.
Dağ dağa kavuşmaz, insan insana kavuşur.
İyi dost kara günde belli olur.
Bakarsan bağ, bakmazsan dağ olur.
Bilmemek ayıp değil, sormamak ayıp.
Anasına bak kızını al, kenarına bak bezini al.
Boş gezmekten bedava çalışmak yeğdir.

2

LOKANTADA

Garson : Buyurun efendim, ne arzu edersiniz?

Bülent : Önce bir yemek listesine bakalım. Sonra söyleriz.

Erksin Hanım: Listeyi sesli okur musunuz?

Bülent : Elbette. Önce çorbaları söyleyeyim. Domates, yayla, mercimek ve sebze çorbası var.

Erksin Hanım: Ben sebze çorbası istiyorum.

Deniz : Ben çorba içmeyeceğim.

Bülent : Balık ister misiniz?

Deniz : Balıklardan ne var?

Bülent : Kefal, mercan, hamsi.

Emin Bey : Ben kefal isterim.

Erksin Hanım: Ben de kefal isterim.

Deniz : Et yemeklerini söyler misiniz?

Bülent : Şiş kebap, şiş köfte, biftek, pirzola ve döner var.

Deniz : Hah, döner yerim!

Garson : Ne içersiniz efendim?

Emin Bey : Bana maden suyu lütfen.

Erksin Hanım: Bana bir pepsi.

Deniz : Bana da bir pepsi. Yok yok meyve suyu olsun. Yahut ayran getirin, daha iyi.

Garson : Siz ne emredersiniz, Bülent Bey?

Bülent : Bana bira getirin lütfen.

Garson : Tatlı ister misiniz?

Emin Bey : Ben istemem.

Erksin Hanım: Ben de.

Deniz : Ben isterim. Hangi tatlılar var?

Garson : Baklava, kadayıf, sütlaç, aşure..

Deniz : Aşure olsun.

DÖNERCİDE

Erksin Hanım: Ben çok acıktım, sabahtan beri bir şey yemedim.
Esen Hanım : Ben de çok açım. Sabahleyin kahvaltı da yapmadım. Saatlerdir midem bomboş.
Erksin Hanım: Şurada tertemiz bir lokanta var. Orada bir şeyler yiyelim mi?
Esen Hanım : Lokantada yemek uzun sürer. Şöyle ayak üstü bir şeyler atıştırsak?
Erksin Hanım: Ne gibi?..
Esen Hanım : Şöyle sandviç, hamburger gibi, hafif şeyler...
Erksin Hanım: Olmaz, ben çok açım. Canım şöyle sımsıcak bir çorba istiyor. Ardından da biftek, pirzola gibi doyurucu şeyler...
Esen Hanım : Saat kaç?
Erksin Hanım: Üçe çeyrek var.
Esen Hanım : Vakit ikindi olmuş. Şimdi hafif şeyler yiyelim, akşama evde yersin.
Erksin Hanım: Galiba yağmur başladı.
Esen Hanım : Evet, şemsiyelerimizi açalım da fazla ıslanmayalım.
Erksin Hanım: İyi ki şemsiyelerimizi almışız, yoksa yağmurdan sırılsıklam olacaktık.

Esen Hanım : Sıcak bir dönere ne dersin?

Erksin Hanım: Sandviçten iyidir. İyi bir dönerci tanıyor musun?

Esen Hanım : Şurada az ilerde iyi bir dönerci var. Sandviç gibi ekmek arasında döner veriyor.

Erksin Hanım: Allah aşkına, sen de bugün sandviçi kafana taktın. Döneri bile sandviç gibi düşünüyorsun.

Esen Hanım : Ama bunda vakit kaybetmeyeceğiz. Döneri sandviç gibi yolda yiyeceğiz. İşte dönerciye de geldik.

Dönerci : Buyurun efendim.

Erksin Hanım: Bize iki döner, lütfen.

Dönerci : İçerde mi yiyeceksiniz?

Esen Hanım : Hayır, ekmek arasında, sandviç gibi.

Dönerci : Tabii efendim, hemen. Soğanlı mı istersiniz, sade mi?

Esen Hanım : Benimki sade olsun.

Erksin Hanım: Benimki de sade olsun. Soğan ağız kokusu yapıyor.

Dönerci : Buyurun efendim, dönerleriniz.

Erksin Hanım: Teşekkür ederiz.

Dilbilgisi:

1. -dan beri (-den beri)

Dün**den** **beri** kar yağıyor.
Sabah**tan** **beri** seni bekliyorum.
Akşam**dan** **beri** bir şey yemedim.
Evvelki gün**den** **beri** onu görmedim.
Üç gün**den** **beri** okula gelmiyor.
Ne zaman**dan** **beri** hasta?
Uzun zaman**dan** **beri** ipek iyi değil.
Çok**tan** **beri** aç susuz yaşıyor.
İstanbul'**dan** **beri** hiç durmadım.
Ne zaman**dan** **beri** Türkiye'desin?

2. -dır (-dir, -dur, -dür), -tır(-tir, -tur, -tür)

İki gün**dür** yağmur yağıyor.
Kaç gün**dür** onu hiç görmedim.
Epey zaman**dır** bize gelmedi.
Epey zaman**dır** ondan haber alamadım.
Üç gün**dür** başım ağrıyor.
Kaç saat**tir** bekliyorsunuz?
Yarım saat**tir** seni bekliyorum.
Ne zaman**dır** buradasın?
Günler**dir** dışarı çıkmıyor.

Pekiştirme sıfatları: p, m, s, r

p: kırmızı, kı**p**kırmızı (çok kırmızı)
ince, i**p**ince (çok ince)
sarı, sa**p**sarı (çok sarı)
karanlık, ka**p**karanlık (çok karanlık)
taze, ta**p**taze (çok taze)
uzun, u**p**uzun (çok uzun)

m: beyaz, be**m**beyaz (çok beyaz)
boş, bo**m**boş (çok boş)
sıcak, sı**m**sıcak (çok sıcak)
yeşil, ye**m**yeşil (çok yeşil)
başka, ba**m**başka (çok başka)
düz, dü**m**düz (çok düz)

s: mavi, ma**s**mavi (çok mavi)
koca, ko**s**koca (çok büyük)
mor, mo**s**mor (çok mor)
doğru, do**s**doğru (çok doğru)
bayağı, ba**s**bayağı (çok bayağı)

r: temiz, te**r**temiz (çok temiz)
çabuk, ça**r**çabuk (çok çabuk)
çıplak, çı**r**ılçıplak (tamamen çıplak)

Alıştırmalar

1. Lütfen cevap veriniz.

1. Lokantaya kimler gidiyor? ....
2. Listeyi kim okuyor? ....
3. Kim sebze çorbası içiyor? ....
4. Kimler balık yiyor? ....
5. Kimler ayran ve bira içiyor? ....
6. Kim tatlı istemiyor? ....

2. Lütfen cevap veriniz.

İki saatten beri bekliyorum. — İki saattir bekliyorum.

1. Bir aydan beri okula gelmiyor. ....
2. Ayşe, beş günden beri hasta. ....
3. Onu dört günden beri görmedim. ....
4. Günlerden beri kar yağıyor. ....
5. Üç yıldan beri evliyim. ....
6. Kaç aydan beri Türkiye'desin? ....
7. Yıllardan beri tatile çıkmadım. ....
8. Uzun zamandan beri gülmüyor. ....
9. Çoktan beri arabam bozuk. ....
10. Çoktan beri spor yapmıyorum. ....

3. Lütfen cevap veriniz.

Ne zamandan beri okula gelmiyor? — Üç gündür okula gelmiyor.

1. Kaç yıldan beri İstanbul'dasın? ....
2. Kaç yıldır Türkçe öğreniyorsun? ....
3. Aylardan beri niçin gelmedin? ....
4. Yıllardır neden mektup yazmadın? ....
5. Günlerden beri kardeşin nerede? ....
6. Cumadan beri neredesin? ....
7. Sabahtan beri nerede kaldın? ....
8. Saat üçten beri okuyor musun? ....

4. Lütfen sorunuz ve cevap veriniz.

Balıklardan ne var	— Uskumru var.

1. Balıklardan ne var?	Kalkan balığı var.
2.	Barbunya....................................
3.	Palamut.....................................
4.	İstavrit.....................................
5.	Hamsi..

Bitte nicht ausfüllen

5. Lütfen sorunuz ve cevap veriniz.

Et yemeklerinden ne var? — Şiş kebap var.

1. Et yemeklerinden ne var?	Döner kebap var.
2.	Şiş köfte....................................
3.	Pirzola......................................
4.	Biftek..
5.	Bonfile......................................

Bitte nicht ausfüllen

6. Lütfen cevap veriniz.

Ne zamandan beri buradasın? — İki saatten beri.

1. Ne zamandan beri hastasın? ....
2. Kaç saatten beri açsınız? ....
3. Kaç aydan beri Türkiye'deler? ....
4. Ne vakitten beri hastanedeler? ....
5. Kaç yıldır sinemaya gitmiyor? ....
6. Ne zamandan beri kar yağıyor? ....

7. Lütfen cevap veriniz.

Günlerdir bekliyorum. — Günlerden beri bekliyorum.

1. Epey zamandır onu görmedim. ....
2. Kaç saattir buradasın? ....
3. Günlerdir bir şey yemedim. ....
4. Ne zamandır dışarı çıkmıyor. ....
5. Çoktandır okula gelmiyorlar. ....

Bitte nicht ausfüllen

8. Lütfen pekiştirme sıfatı yapınız.

Sıcak bir çorba içtim. — **Sım**sıcak bir çorba içtim.

1. Sarı bir çiçek gördüm. ....
2. Beyaz bir kumaş aldım. ....
3. Taze fasulye istiyorum. ....
4. Mavi bir suda yüzüyorum. ....
5. Yeşil bir bahçem var. ....
6. Karanlık bir odada çalışıyorum. ....
7. Temiz bir lokanta tanıyorum. ....
8. Bu film başka bir güzellikte. ....
9. Sorduklarıma doğru cevap ver. ....
10. Boş bir odada kalıyorum. ....

9. Lütfen örnekteki gibi yapınız.

> Ona "yemeğini ye!" dedim.
> Ona yemeğini yemesini söyledim.

1. Öğretmen bize "Kitaplarınızı alın!" dedi.

Bitte nicht ausfüllen

....

2. Onlara "Dışarı çıkın!" dedim.

....

3. Sana "Erken gel!" demedim mi?

....

4. Onlara "Saat altıda gelin!" dedik.

Bitte nicht ausfüllen

....

5. Öğretmen bana, "Gidip Ali'yi gör!" dedi.

....

6. Annem "Erken kalkıp ders çalış!" dedi.

....

10. Lütfen tamamlayınız.

1. Ankara'nın en iyi lokantalarından biridir.
2. ....otel..
3. ....gazino..
4. ....yer...
5. ....plaj..
6. ....kebapçı..

Bitte nicht ausfüllen

11. Lütfen örnekteki gibi yapınız.

> Öğretmen "Burada bekle" dedi.
> Öğretmen burada beklememi söyledi.

1. "Kitapları açın" dediniz.

....

2. "Sınıftan çıkın" dediler.

....

3. "Niçin erken gelmediniz" diye sordular.

....

4. "Yemeğini lokantada ye" dedi.

Bitte nicht ausfüllen

....

5. Polis "Arabanızı oraya park etmeyin" dedi.

....

6. "Çok konuşma" dedim.

....

7. "Nereye istersen oraya git" dedim.

....

Bitte nicht ausfüllen

8. Öğretmen "Bu kitabı oku" dedi.

....

9. Babam "Her gün spor yap" dedi.

....

12. Lütfen örnekteki gibi yapınız.

İşte, suç**suz** çocuk bu. — İşte bu çocuk suç**suz**.

1. İşte, asansörsüz otel bu. ....
2. İşte, tuzsuz yemek bu. ....
3. İşte, şekersiz çay bu. ....
4. İşte, başarısız öğrenci bu. ....
5. İşte, telefonsuz ev bu. ....
6. İşte, akılsız adam bu. ....

13. Lütfen cevap veriniz.

Bitte nicht ausfüllen

Yemekten sonra tatlı mı istersiniz, meyve mi? — Lütfen meyve.

1. Yemekten sonra çay mı istersiniz, kahve mi?

   ....

2. Yemekten sonra gitmek mi istersiniz, kalmak mı?

   ....

3. Yemekten sonra bira mı istersiniz, ayran mı?

   ....

4. Yemekten sonra çalışmak mı istersiniz, gezmek mi?

   ....

5. Yemekten sonra uyumak mı istersiniz, yüzmek mi?

   ....

3

GİYİM MAĞAZASINDA

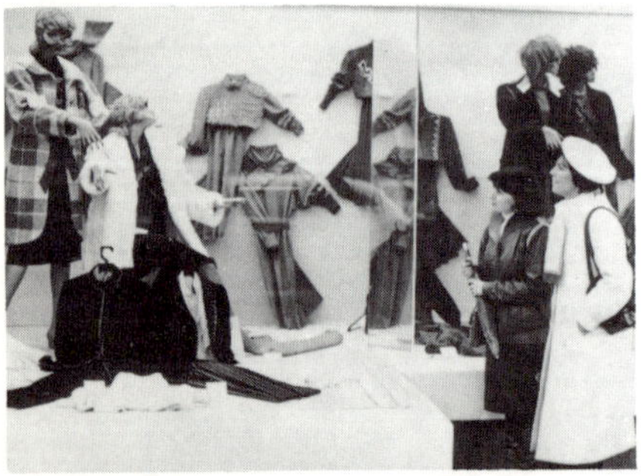

Esen Hanım : Ceketi hangi mağazadan almak istiyorsun?

Erksin Hanım: Bilmem, henüz karar vermedim. Sen eteği nereden alacaksın?

Esen Hanım : Ben de henüz karar vermedim. Şöyle vitrinlere bakarak gidelim. Hoşumuza giden bir şey olursa, alırız. Bugün Deniz gelecek mi?

Erksin Hanım: Vakti olursa, gelecek. Saat beş otuzda Kızılay'da postanenin önünde olacak. ''Gelemezsem, beni fazla beklemeyin, en çok beş dakika bekleyin'' dedi. Fırsat bulursa, Cengiz de gelecek. Elbisesi çok eskidi. Yeni bir elbise almak istiyor.

Esen Hanım : Desene bugün epey alış veriş yapacağız.

Erksin Hanım: Evet, gelirlerse öyle olacak. Biz önce postaneye doğru yürüyelim. Sonra da mağazaya gideriz.

Satıcı : Buyurun efendim, hoş geldiniz. Ne arzu edersiniz.

Esen Hanım : Kendimize bir şeyler almak istiyoruz. İzin verirseniz, önce şöyle bir bakacağız.

Satıcı : Tabii, istediğiniz gibi bakabilirsiniz.

Erksin Hanım: Esenciğim, bu ceketi nasıl buluyorsunuz?

Esen Hanım : Bence güzel.

Cengiz Bey : Bence de güzel. Beğendiysen, alalım.

Erksin Hanım: Beğendim, çok güzel oldu.

Esen Hanım : Bu etek bana nasıl oldu? Kazağın rengine uydu mu?

Erksin Hanım: Kahverengi renk kazağına güzel uydu. Ama bu etekte bir tuhaflık var.

Esen Hanım : Boyu biraz uzun, galiba biraz da geniş.

Satıcı : Efendim, siz eteği ters giymişsiniz. Bu modelde fermuar arkada değil, önde olacak.

Deniz : Benim elbiseyi nasıl buldunuz?

Esen Hanım : Sen de mi kahverengi seçtin. Sen henüz gençsin. Şöyle güzel, canlı renkler seç.

Erksin Hanım: Kemerlere de bir bakalım.

Cengiz Bey : Biraz acele etseniz, ben de bir elbise almak istiyorum. Hanımların işi ama da uzun sürüyor!

Erksin Hanım ve Cengiz Bey mağazadaki koltuklara oturuyorlar. Model dergilerine bakarak, yılın modası olan elbiseleri inceliyorlar. Erksin Hanım kendisine yeni bir ceket, Cengiz Bey de yeni bir elbise almak istiyor.

Cengiz Bey kareli, çizgili bir elbise beğeniyor. Elbisenin kolu kısa geliyor. Başka modellere bakarak, uzun kollu bir elbise arıyorlar. Ama bütün elbiselerin kolları aynı uzunlukta. Bu nedenle satıcı, ceketi terziye vererek kolunu uzattırıyor.

Esen Hanımla Deniz bluzlara bakıyorlar. Deniz beyaz bir bluz beğeniyor. Çok pahalı bulduğu için almıyor. Esen Hanım kahverengi eteğin üzerine açık sarı bir bluz beğeniyor ve alıyor.

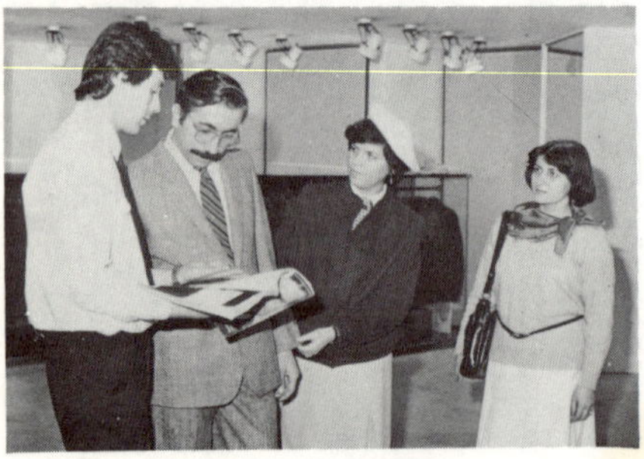

Esen Hanımla Deniz elbiselerine uygun birer kemer almak istiyorlar. Satıcı bayan onlara pek çok kemer gösteriyor. Esen Hanım ince, Deniz de kalın bir kemer beğeniyor. Erksin Hanım da seçimde onlara yardımcı oluyor.

CENGİZ BEY ELBİSE ALIYOR

Satıcı : Nasıl bir elbise düşünüyorsunuz, efendim?
Cengiz Bey : Kareli ya da çizgili. Üzerimdeki elbise düz desen. Bu defa şöyle değişik bir şey olsun.
Satıcı : Renk olarak ne düşünüyorsunuz?
Cengiz Bey : Mavi ya da lacivert, gri de olabilir.
Satıcı : Şu kareli elbiseye ne dersiniz? Çok güzel bir deseni var. Mavi, gri ve larcivert karışımı. İstediğiniz üç renk de var. Bir denemek ister misiniz?
Cengiz Bey : Olur, bir deneyeyim.
Satıcı : Kaç numara giyiyorsunuz?
Cengiz Bey : Ölçüm, 54 numara, ama genellikle bir numara büyük alıyorum.
Satıcı : Niçin?
Cengiz Bey : Ceketin kolları kısa geliyor.
Satıcı : Siz 54 numarayı bir deneyin. Küçük gelirse, değiştiririz.
Cengiz Bey : Elbise güzel oldu; ama kollar gene kısa.
Erksin Hanım: Ceketin kolları kısa değil, normal. Senin kolların uzun.
Esen Hanım : Yani, Cengiz Beyin kolları anormal mi, demek istiyorsunuz?
Erksin Hanım: Hayır, anormal değil, ama normalden uzun.
Cengiz Bey : Yani anormal!
Satıcı : Hayır efendim, kollarınız gayet normal. Boyunuz uzun. Bu nedenle kollarınız da uzun. Bu elbiseyi beğendiyseniz, ceketin kollarını biraz uzatırız. Size tam gelir.
Cengiz Bey : Beğendim. Kollarını ne zaman uzatırsınız?
Satıcı : Yarına hazır olur. Geçerken alırsınız.

Dilek-şart kipi: -sa (-se)

al-mak	**al-ma-mak**	**ver-mek**	**ver-me-mek**
al-**sa**-m	al-ma-**sa**-m	ver-**se**-m	ver-me-**se**-m
al-**sa**-n	al-ma-**sa**-n	ver-**se**-n	ver-me-**se**-n
al-**sa**	al-ma-**sa**	ver-**se**	ver-me-**se**
al-**sa**-k	al-ma-**sa**-k	ver-**se**-k	ver-me-**se**-k
al-**sa**-nız	al-ma-**sa**-nız	ver-**se**-niz	ver-me-**se**-niz
al-**sa**-lar	al-ma-**sa**-lar	ver-**se**-ler	ver-me-**se**-ler

okumak	**okumamak**	**görmek**	**görmemek**
okusam	okumasam	görsem	görmesem
okusan	okumasan	görsen	görmesen
okusa	okumasa	görse	görmese
okusak	okumasak	görsek	görmesek
okusanız	okumasanız	görseniz	görmeseniz
okusalar	okumasalar	görseler	görmeseler

1. -sa (-se):

Param ol**sa**, güzel bir ceket alırım.
İzin verir**se**niz, elbiselere bakmak istiyoruz.
Deniz, vakti olur**sa**, saat beş otuzda gelecek.
Ceketin kolları kısa**ysa** uzatırız, uzun**sa** kısaltırız.
Yarın bize gelir**se**niz, birlikte ders çalışırız.
Cengiz Bey vaktinde gelmez**se**, yalnız beş dakika bekleriz.

— Oğlum ders çalışıyor.
— Keşke çalış**sa**.

— İspanya'ya ne zaman gideceksin?
— Param ol**sa** hemen giderim.

— Niçin arkadaşınla sinemaya gitmedin?
— Boş zamanım yok. Zamanım ol**sa**ydı giderdim.

— Sınavda Türkçeden kaç aldın?
— Beş. Şansım yoktu. Şansım ol**sa**ydı daha iyi not alırdım.

— Ahmet nerede?
— Gitti. Biraz önce gel**se**ydin görürdün.

2. -mazsa (-mezse)

— Ahmet, okuldan sonra sinemaya gidecek mi?
— Çalış**mazsa** gitmeyecek.

— Ayşe benden isterse, para vereyim mi?
— Çok iste**mezse** ver.

— Bu akşam saat kaçta buluşalım.
— Sekizde. Geç kal**mazsa**n sevinirim.

Atasözleri:

Allah gümüş kapıyı kapar**sa**, altın kapıyı açar.
Kaya uç**mazsa** dere dolmaz.
Kedinin kanadı ol**sa**ydı, serçenin adı kalmazdı.
Sık gider**se**n dostuna, yatar arka üstüne.

Alıştırmalar:

1. Lütfen cevap veriniz.

Bitte nicht ausfüllen

1. Giyim mağazasına kimler gidiyor? ....
2. Deniz saat beş otuzda nereye geliyor? ....
3. Kim eteği yanlış giyiyor? ....
4. Erksin Hanım ne alıyor? ....
5. Deniz, hangi renk elbiseyi beğeniyor? ....
6. Kimler kemer alıyor? ....

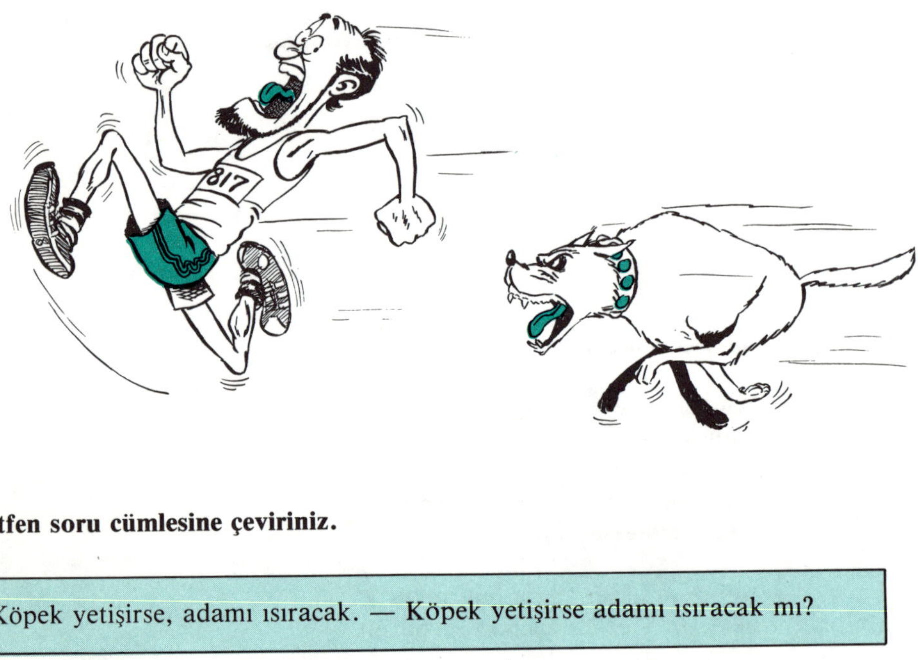

2. Lütfen soru cümlesine çeviriniz.

Köpek yetişirse, adamı ısıracak. — Köpek yetişirse adamı ısıracak mı?

1. Uçak gelirse, hemen havalanacak. ....
2. Ahmet gelirse, burada kalacak. ....
3. Kitabı okursam, sana vereceğim. ....
4. Sınıfı geçersem, tatile gideceğim. ....
5. İstanbul'a gidersem, sana uğrarım. ....
6. Tren gecikirse, uçakla giderim. ....

Bakınız ve anlatınız.

3. Lütfen tamamlayınız.

Param yok, keşke param olsa!
Evim yok, keşke............................
Radyom yok, keşke........................
Arabam yok, keşke.........................
Telefonum yok, keşke....................
Dostum yok, keşke.........................
Annem yok, keşke..........................
Babam yok, keşke..........................

4. Lütfen örnekteki gibi yapınız.

> Param olsa, bisiklet alırdım.
> Param olsa, bisiklet almaz, araba alırdım.

Param olsa, uçak alırdım.

Bitte nicht ausfüllen
....

Param olsa, kitap alırdım.

....

Param olsa, ev alırdım.

....

Param olsa, fotoğraf makinası alırdım.

....

Param olsa, güzel bir bavul alırdım.

....

5. Lütfen olumsuz yapınız.

Adam su içerse, ölmeyecek. —Adam su iç**mezse**, ölecek.

1. Yemek yersem, kilo alırım. ....
2. Ders çalışırsam, evde kalırım. ....
3. Uçağa binersen, bir şey görmezsin. ....
4. İstanbul'a gidersen, müzeye uğrarsın. ....
5. Çok uyursan, işe geç kalırsın. ....
6. Az yersen, kilo verirsin. ....

Bitte nicht ausfüllen

6. Lütfen tamamlayınız.

Hava yağmurlu olur**sa**, sinemaya gitmeyiz.

1. Parası yok......., borç alsın.
2. Erken yatar......., erken kalkarsın.
3. O konuşur......, ben dinlerim.
4. Sen onu görür......, bana haber ver.
5. Dişin ağrır......., dişçiye git.
6. Canın ister......., sinemaya gidelim.

KÖYLÜ VE DENİZCİ

Bir köylü bir denizciyle konuşuyordu:
— Baban nerede öldü?
— Deniz kazasında, dedi denizci.
— Ya deden?
— O da denizde öldü. Bir gün büyük bir dalga kayığı batırdı.
— Ya onun babası?
— O da öbürleri gibi, denizde öldü.
— Ah dostum, dedi köylü, yerinde olsam deniz yolculuğu yapmazdım.
Bu kez denizci sordu:
— Baban nerede öldü?
— Yatağında, dedi köylü.
— Ya deden?
— O da.
— Ya onun babası?
— Bütün ailem gibi, o da yatağında öldü.
— Ah dostum, dedi denizci, yerinde olsam yatağıma hiç girmezdim.

1 Lütfen cevap veriniz.

1. Denizcinin yakınları kimlerdir.

Bitte nicht ausfüllen

....

2. Denizcinin yakınları nerede ölüyor?

....

3. Köylünün yakınları kimlerdir?

....

4. Köylünün yakınları nerede ölüyor?

Bitte nicht ausfüllen

....

5. Denizci köylüye niçin "yatağa girmemesini söylüyor?"

....

Deyimler

Alan razı, satan razı.
Bir yastığa baş koymak.
Çoğu gitti, azı kaldı.
Dosta düşmana karşı.
Hem suçlu, hem güçlü.
İyi gün dostu.
Özrü kabahatinden büyük.
Para ile değil sıra ile.
Yükte hafif pahada ağır.

4

İŞ DÖNÜŞÜ

Berna Hanım : Beyhan Hanım , saat beş oldu. İşiniz hâlâ bitmedi mi?

Beyhan Hanım: Beş mi oldu? Hayret! Vakit ne çabuk geçmiş! İşim daha bitmedi, ama yarın devam ederim. Biraz bekler misiniz? Şu dosyaları yerine koyayım.

Berna Hanım : Tabii beklerim.

Beyhan Hanım: Tamam, hadi çıkalım. Doğru eve mi gideceksiniz?

Berna Hanım : Hayır, önce manava uğrayacağım.

Beyhan Hanım: Ben dün pazara gittim. Pazarda her şey manavdan daha ucuz.

Berna Hanım : Manavda sebze de meyve de çok pahalı. İnanır mısınız, patatesin kilosu 30 lira, muz 90 lira, bir limon 7,5 lira.

Beyhan Hanım: Pazar da pek ucuz sayılmaz. Ama hepsi çok taze.

Berna Hanım : Neler aldınız?

Beyhan Hanım: Taze fasulye, patlıcan, sivri biber, dolmalık biber ve domates aldım.

Berna Hanım : Yalnız sebze mi aldınız?

Beyhan Hanım: Hayır meyve de aldım. Üzüm ve kavun aldım. Bugun kasaba uğramam gerekiyor, ama canım istemiyor.

Berna Hanım : Biraz ileride bir süpermarket var. Niçin oradan almıyorsunuz? Her zaman iyi et bulunuyor.

Beyhan Hanım: Her zaman bonfile, pirzola, biftek bulunuyor mu?

Berna Hanım : Tabii. Tavuk da var. Hatta sucuk, pastırma, salam ve sosis de var.

Beyhan Hanım: İyi öyleyse, ben de bundan sonra oradan alışveriş yapayım.

Beyhan Hanım ve Berna Hanım aynı yerde çalışıyorlar, aynı mahallede oturuyorlar. Tamay, Berna Hanımın komşusudur. İkisi de Tamay'ı iyi tanıyor.

Bir memur Beyhan Hanıma evrak getiriyor. Beyhan Hanım evrağı inceliyor, sonra imzalıyor.

Berna Hanım, işten sonra, manava, bakkala uğramaz. Doğru süpermarkete gider. Süpermarkette, sebze, meyve, et, sucuk, salam, sosis, ne istersen vardır. Burada alışveriş yapar, sonra evine gider.

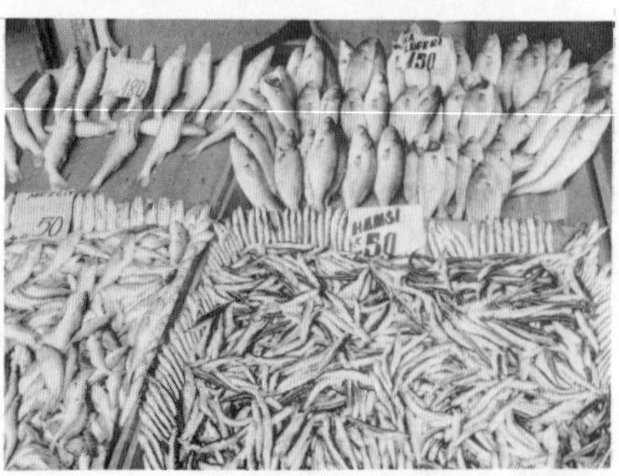

Berna Hanımın eşi Karadenizlidir. Balığı çok sever. Berna Hanım haftada bir iki gün balıkçıya uğrar, kocasının sevdiği balıklardan alır.

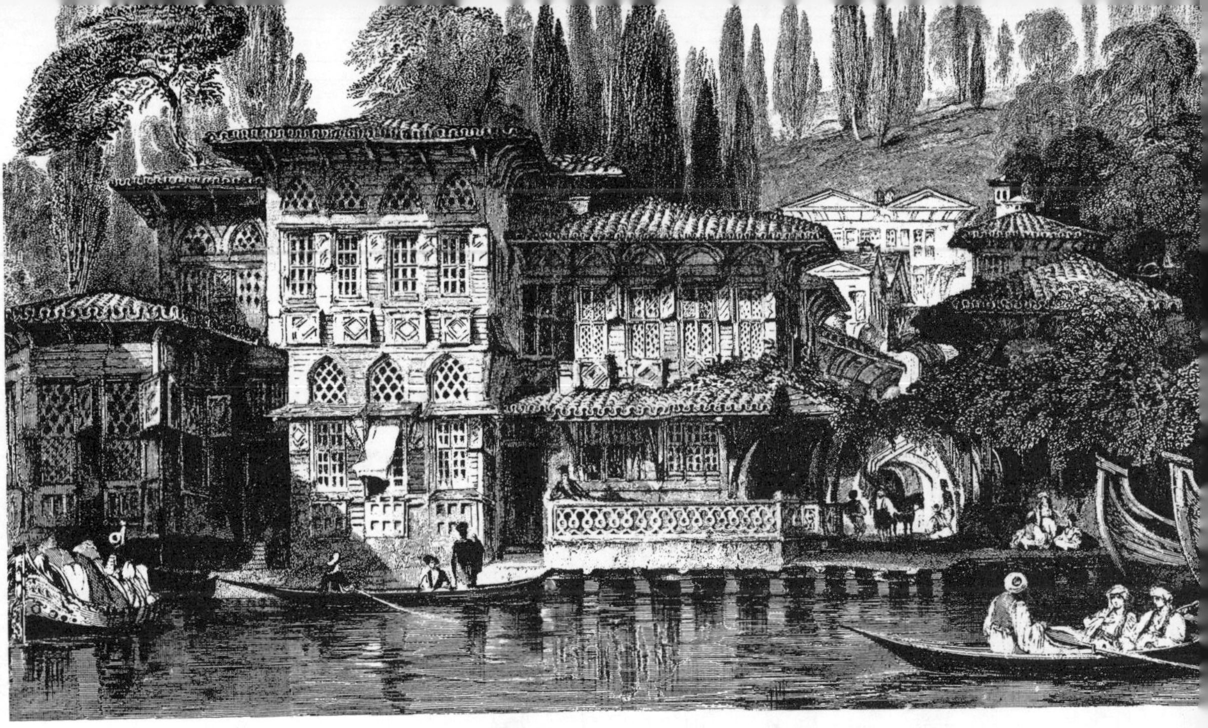

SERENAD

Yeşil pencerenden bir gül at bana
Işıklarla dolsun kalbimin içi.
Geldim işte mevsim gibi kapına,
Gözlerimde bulut, saçlarımda çiğ.

Açılan bir gülsün sen yaprak yaprak
Ben aşkımla bahar getirdim sana.
Tozlu yollarından geçtiğim uzak
İklimden şarkılar getirdim sana.

Şeffaf damlalarla titreyen ağır
Goncanın altında bükülmüş her sâk;
Senin için dallardan süzülen ıtır,
Senin için yasemin, karanfil, zambak...

Bir kuş sesi gelir dudaklarından
Gözlerin gönlümde açar nergisler,
Düşen bir öpüştür yanaklarından
Mor akasyalarla ürperen seher.

Pencereden bir gül attığın zaman
Işıklarla dolacak kalbimin içi.
Geçiyorum mevsim gibi kapından
Gözlerimde bulut, saçlarımda çiğ.

Ahmet Muhip Dranas

Dilbilgisi:

Belirsiz geçmiş zaman: -mış(-miş, -muş, -müş)

konuş-mak	**konuş-ma-mak**	**yürü-mek**	**yürü-me-mek**
konuş-**muş**-um	konuş-ma-**mış**-ım	yürü-**müş**-üm	yürü-me-**miş**-im
konuş-**muş**-sun	konuş-ma-**mış**-sın	yürü-**müş**-sün	yürü-me-**miş**-sin
konuş-**muş**	konuş-ma-**mış**	yürü-**müş**	yürü-me-**miş**
konuş-**muş**-uz	konuş-ma-**mış**-ız	yürü-**müş**-üz	yürü-me-**miş**-iz
konuş-**muş**-sunuz	konuş-ma-**mış**-sınız	yürü-**müş**-sünüz	yürü-me-**miş**-siniz
konuş-**muş**-lar	konuş-ma-**mış**-lar	yürü-**müş**-ler	yürü-me-**miş**-ler

— Sen konuşmaya ne zaman başladın?
— Bilmiyorum, üç yaşındayken konuşmuşum.

— Ahmet dün çok çalışmış mı?
— Bilmiyorum, görmedim; herhalde çok çalışmış.

— Berna Hanım pazara kadar arabayla mı gitti?
— Bilmiyorum, arabası yoktu, herhalde yürümüş.

— Berna Hanım, Beyhan Hanımı çok bekledi mi?
— Görmedim, ama duydum ki saat beşe kadar beklemiş.

— Berna Hanım dün kasaba gitmiş mi?
— Evet gitmiş, kıyma ve bifteklik et almış.

— Bülent, İstanbul'a gitti mi?
— Ben görmedim, dün Tamay söyledi; İstanbul'a uçakla gitmiş.

— Öğretmen dün okula geldi mi?
— Hayır gelmedi; galiba hastaymış, bu yüzden gelmemiş.

Atasözleri:

Eşeğe "cilve yap" de**mişler**, tekme at**mış**,
Kartala bir ok değ**miş**, yine kendi yeleğinden.
Ağaca balta vur**muş**lar "sapı bedenimden" demiş.
Yılan sokan uyu**muş**, aç kalan uyuma**mış**.
Utananın oğlu, kızı olma**mış**.
Sabahtan karnını doyuran, küçükken evlenen aldanma**mış**.
Kırk hırsız bir çıplağı soyamamış.
Karga yavrusuna bak**mış**: "Benim ak pak evladım" demiş.
Kardeş kardeşi bıçakla**mış**, dön**müş** yine kucakla**mış**.

Alıştırmalar:

1. Lütfen cevap veriniz.

1. Manava kim gidiyor? Bitte nicht ausfüllen ....
2. Pazara kim gidiyor? ....
3. Manav mı, pazar mı daha ucuz? ....
4. Beyhan Hanım neler alıyor? ....
5. Berna Hanım neler alıyor? ....
6. Süpermarkette neler var? ....

2 Lütfen belirsiz geçmiş zamana çeviriniz.

Dün gece çok ders çalıştı. — Dün gece çok ders çalış**mış**.

1. Ahmet dün okula gelmedi. ....
2. Öğrenci bakkala gitti. ....
3. Öğrenci bakkala ödevini sordu. ....
4. Berna Hanım pastırma aldı. ....
5. Manavda muz doksan lira. ....
6. Kasap kaba bir adam. ....

3. Lütfen belirsiz geçmiş zamana çeviriniz.

Pazarda meyve **daha** ucuz. — Pazarda meyve daha ucuz**muş.**

1. Pazarda meyve **daha** taze. ....
2. Manavda meyve **daha** pahalı. ....
3. Pazarda sebze **daha** bol. ....
4. Pazar eve **daha** uzak. ....
5. Süpermarket eve **daha** yakın. ....
6. Pazar manavdan **daha** kalabalık. ....

4. Lütfen belirsiz geçmiş zamana çeviriniz.

Saat beş oldu. — Saat beş ol**muş.**

1. Vakit geç oldu. ....
2. Beyhan Hanım pazara gitti. ....
3. Beyhan Hanım sebze aldı. ....
4. Berna Hanım manava uğradı. ....
5. Beyhan Hanımın işi geç bitti. ....
6. Beyhan Hanım çok çalıştı. ....

Bitte nicht ausfüllen

5. Lütfen belirsiz geçmiş zamana çeviriniz.

Ahmet dün evdeydi. — Ahmet dün evdey**miş.**

1. Hasan dün okuldaydı. ....
2. Ali bu yaz Marmaris'teydi ....
3. Ayşe geçen hafta hastanedeydi. ....
4. Babam geçen yıl İzmir'deydi ....
5. Mehmet dün gece sinemadaydı. ....
6. Kitap dolabın içindeydi. ....
7. Radyo masanın üzerindeydi. ....
8. Araba gece evin önündeydi. ....

Bitte nicht ausfüllen

6. Lütfen soru cümlesine çeviriniz.

Hasta iyi olmuş. — Hasta iyi ol**muş** mu?

1. Dört yaşında konuşmuş. ....
2. Geçen yıl Almanya'ya gitmiş. ....
3. Uçak kazasından kurtulmuş. ....
4. Kasaptan et almış. ....
5. Eve vaktinde gelmiş. ....
6. Trene zamanında yetişmiş. ....
7. İstanbul'da iki gün kalmış. ....
8. Tatilde yüzme öğrenmiş. ....

Bitte nicht ausfüllen

7. Lütfen olumsuz yapınız.

Dersi anlamış. — Dersi anlamamış.

1. Ona yardım etmiş. ....
2. İstanbul'a gitmiş. ....
3. Herkese haber vermiş. ....
4. Acı haberi duymuş. ....
5. Bu habere sevinmiş. ....

8. Lütfen sorunuz ve cevap veriniz.

Dün neredeymiş? — Evindeymiş.

1. Dün neredeymiş? İstanbul..
2. ....? İstasyon..
3. ....? Havaalanı..
4. ....? Gazino..
5. ....? Çankaya..
6. ....? Lokanta..

9. Lütfen cevap veriniz.

Ahmet dün okula geldi mi? - Bilmiyorum galiba gel**miş**.

1. Berna Hanım pazara gitti mi? ....
2. Beyhan Hanım sebze aldı mı? ....
3. Ahmet Bey uçağa yetişti mi? ....
4. Nilgün ödevleri yazdı mı? ....
5. Neşe otobüse bindi mi? ....
6. Cevdet kitabı okudu mu? ....

Bitte nicht ausfüllen

10. Lütfen cümle kurunuz.

dün gece-Ahmet-ders-sabaha kadar-çalışmak Ahmet dün gece sabaha kadar ders çalış**mış**.

1. Okul-dün-öğretmen-gelmemek.

....

2. meyve-manav-sebze-ve-daha-ucuz-pazar

Bitte nicht ausfüllen

....

3. tatil-Antalya-öğrenmek-Neşe-yüzme

....

4. eşyalar-evde-çalmak-hırsız-bütün

....

5. dün-bir-gece-kaza-trafik-olmak-İstanbul

....

ÖĞRENCİ VE BAKKAL

Bir öğrenci, bir gün, bir bakkal dükkânına girmiş ve bakkala sormuş:
— 100 gram kahve kaç lira?
— 35 lira.
— Ya bir kilo kesmeşeker?
— 950 kuruş.
— 300 gram kahve, üç kilo şeker kaç lira eder?
— 133 lira 50 kuruş eder.
— Size 150 lira versem, kaç lira geri verirsiniz?
— 16 lira 50 kuruş.
— Bir kâğıda yazar mısınız bunları.
— Memnuniyetle. Al bakalım, işte oldu. Şimdi söyle bakalım, yazmamı niçin istedin?
— Şey..... bu benim matematik ödevimdi efendim. Yapamadım da...

1. Lütfen cevap veriniz.

1. Kim bakkal dükkânına girmiş?

2. Bakkala ne sormuş? Bitte nicht ausfüllen

3. Başka neyin fiyatını sormuş?

4. 100 gram kahve kaç liraymış?

5. Şekerin kilosu kaç liraymış?

6. 300 gram kahve, üç kilo kesmeşeker kaç lira etmiş?

7. Çocuk kahveyi ve şekeri alıp gitmiş mi?

8. Bakkala niçin gelmiş? Bitte nicht ausfüllen

Atasözleri:

Kurda "Neden boynun kalın?" demişler, "İşimi kendim görürüm de ondan" demiş.
Kardeş kardeşi bıçaklamış, dönmüş yine kucaklamış.
Bülbülü altın kafese koymuşlar: "Ah vatanım!" demiş.

5

PİKNİKTE

Baharda genellikle hafta sonları öğrenciler pikniğe giderler. Ankara'da mart ayında havalar ısınmaya başlar. Fakat, bu ayda sık sık yağmur yağar. Bu nedenle hiç kimse pikniğe çıkmağa cesaret edemez. Nisan ayında havalar iyice ısınır, ağaçlar çiçek açar, çimenler yemyeşil olur. Herkes pikniğe gider, ip atlar, top oynar, yemek pişirir, yürüyüşe çıkar, şarkılar söyler, vakitlerini en güzel şekilde değerlendirirler. Dil ve Tarih-Coğrafya Fakültesi'ndeki öğrenciler de bir hafta sonu Çamkoru'ya pikniğe gidiyorlar. Çamkoru, Ankara'ya yüz kilometre uzaklıktadır. Emin bey de pikniğe öğrencilerle birlikte gidiyor. Neşeli bir yolculuktan sonra otobüsten iniyorlar.

Aydın : Burası çok güzel bir yer!
Osman : Evet, çok güzel.
Emin Bey: Kim güzel kahve pişirebilir?
Nuran : Ben pişirebilirim.
Emin Bey: Şurada odunlar var, ateş yakabiliriz.
Aydın : Ben uzun eşek oynamak istiyorum. İster misin?
Necdet : İsterim, ama sen beni taşıyabilir misin?
Osman : Elbette taşırım, ağırlığın ne kadar ki! Haydi arkadaşları topla, ikişer ikişer sıraya girelim.
Ayşe : Çocuklar, bakın şurada hakiki bir eşek var! Gelin, biz de eşeğe binelim.
Nermin : Eşeğe binebilir misin?
Sevtap : Binerim, gel sen biraz yardım et. Ben de üstüne sıçrayayım.
Nazan : İp atlamak isteyen var mı?
İlknur : Hepimiz isteriz. Hani ip nerede?

Nazan : Burada, hızlı sallayacağım. İkişer ikişer atlayabilir misiniz?
Nilgün : Üçer üçer gene atlarız. Haydi başlayalım.
Aysel : Yemek yapmak isteyenler, buraya! Ben yemek yapıyorum.
Gönül : Yemek için vakit henüz erken değil mi?
Aysel : Öğleye ancak yetiştirebiliriz. Önce yemeğimizi yapalım, sonra biz de oyuna katılırız.
Gönül : Siz yemek yapın. Ben satranç oynamak istiyorum.
Gülnur : İyi satranç oynayabilir misin?
Gönül : Kötü sayılmaz. Bir denemek ister misin?
Gülnur : Memnuniyetle.
Aysel : Önce yemeğe yardım edin. Sonra satranç oynarsınız.

Bazı öğrenciler piknikte toplanıp tavla oynuyor, Emin Bey de öğrencilerle tavla oynamak istiyor. Fakat öğrenciler tavlaya başladıklarından oyunu yarı bırakmak istemiyorlar. Emin Bey de öğrencilerin tavla oyununu seyrederek sıranın kendisine gelmesini bekliyor.

Erkekler uzun eşek oynuyorlar. Ayşe ormanda bir eşek görüyor. Eşeğe binip gezmek istiyor. Fakat eşek bir türlü gitmek istemiyor. Gülnur, eşeğin yularından çekerek Ayşe'ye yardım ediyor. Eşekle ormanda küçük bir gezinti yapıyorlar.

Oyun sonrası öğrenciler çok acıkıyor. Birlikte getirdikleri yemekleri büyük bir iştahla silip süpürüyorlar. Bazı öğrenciler de yemeklerini piknikte kendileri yapıyor. Pişirdikleri yemeklerden arkadaşlarına ikram ediyorlar.

Orhan piknikte dinlenebilmek için sessiz sakin bir köşeyi tercih ediyor. Bir ağacın gölgesine oturuyor. Gitarının akordunu yapıyor. Sevdiği güzel parçaları çalıyor. Kız arkadaşı Nalan da hayranlıkla onu dinliyor.

OTOBÜS DURAĞINDA

Sevinç :Eviniz fakülteye oldukça uzak.
Özlem : Evet, oldukça..Ama Emel'e göre hiç de uzak değil. Sabahları evden biraz erkence çıkıyor, okula yaya gidiyor. Ben otobüsle gidiyorum.
Emel :Bazen fakülteye senden önce geliyorum değil mi?
Özlem :Doğru. Ben durakta çok bekliyorum.
Sevinç :Neden?
Özlem :Sabahları duraklar çok kalabalık oluyor. Bu yüzden otobüsler dolu geliyor, bizim durakta durmadan geçiyor. O zaman başka bir otobüs bekliyorum.
Sevinç :Okula geç kalmıyor musun?
Özlem :Bazen kalıyorum, birinci derse giremiyorum.
Sevinç :Sabahları Emel'le birlikte sen de yürüyebilirsin.
Özlem :Çok istiyorum, ama yürüyemiyorum. Beş on dakika ancak yürüyebiliyorum.
Sevinç :Cumartesi günü anneni nasıl ziyaret edeceğiz? Polatlı'ya otobüsle mi gideceğiz?
Özlem :Otobüsle de gidebiliriz, trenle de...
Sevinç :Trenle gidelim. Otobüsler çok kaza yapıyor.
Özlem :Haklısın. Geçen hafta Polatlı yolunda korkunç bir kaza olmuş. Bir kamyon, bir otobüse çarpmış. Beş ölü, on yaralı varmış. Yaralılardan üçünün durumu ağırmış.
Sevinç :Kaza neden olmuş?
Özlem :Neden olacak, hızdan. Kamyon şoförleri çok hızlı sürüyorlar.

Dilbilgisi:

Yeterlik eylemi: -a(-e) bilmek

Şimdiki zaman:

kaldır-**a**-**bil**-iyor-um	kaldır-**a**-**mı**-yor-um
kaldır-**a**-**bil**-iyor-sun	kaldır-**a**-**mı**-yor-sun
kaldır-**a**-**bil**-iyor	kaldır-**a**-**mı**-yor
kaldır-**a**-**bil**-iyor-uz	kaldır-**a**-**mı**-yor-uz
kaldır-**a**-**bil**-iyor-sunuz	kaldır-**a**-**mı**-yor-sunuz
kaldır-**a**-**bil**-iyor-lar	kaldır-**a**-**mı**-yor-lar

Belirli geçmiş zaman:

kaldır-**a**-**bil**-dim	kaldır-**a**-**ma**-dım
kaldır-**a**-**bil**-din	kaldır-**a**-**ma**-dın
kaldır-**a**-**bil**-di	kaldır-**a**-**ma**-dı
kaldır-**a**-**bil**-dik	kaldır-**a**-**ma**-dık
kaldır-**a**-**bil**-diniz	kaldır-**a**-**ma**-dınız
kaldır-**a**-**bil**-diler	kaldır-**a**-**ma**-dılar

Belirsiz geçmiş zaman:

kaldır**abil**mişim	kaldır**ama**mışım
kaldır**abil**mişsin	kaldır**ama**mışsın
kaldır**abil**miş	kaldır**ama**mış
kaldır**abil**mişiz	kaldır**ama**mışız
kaldır**abil**mişsiniz	kaldır**ama**mışsınız
kaldır**abil**mişler	kaldır**ama**mışlar

Gelecek zaman:

kaldır**abil**eceğim	kaldır**ama**yacağım
kaldır**abil**eceksin	kaldır**ama**yacaksın
kaldır**abil**ecek	kaldır**ama**yacak
kaldır**abil**eceğiz	kaldır**ama**yacağız
kaldır**abil**eceksiniz	kaldır**ama**yacaksınız
kaldır**abil**ecekler	kaldır**ama**yacaklar

Geniş zaman:

kaldır**abil**irim	kaldır**amam**	kaldır**abil**sem	kaldır**ama**sam
kaldır**abil**irsin	kaldır**amaz**sın	kaldır**abil**sen	kaldır**ama**san
kaldır**abil**ir	kaldır**amaz**	kaldır**abil**se	kaldır**ama**sa
kaldır**abil**iriz	kaldır**ama**yız	kaldır**abil**sek	kaldır**ama**sak
kaldır**abil**irsiniz	kaldır**amaz**sınız	kaldır**abil**seniz	kaldır**ama**sanız
kaldır**abil**irler	kaldır**ama**zlar	kaldır**abil**seler	kaldır**ama**salar

— Bavul çok ağır, kaldır**abil**ecek misin?
— Fazla ağır değil, kaldır**abil**iyorum.

— Paketi tek başına kaldır**abil**din mi?
— Hayır, çok ağırdı kaldır**ama**dım.

— Çantayı, valizleri hepsini taşıyabilecek misin?
— Kaldır**abil**irsem taşırım, kaldır**ama**zsam bir arabaya binerim.

— Bizimle yarın pikniğe gel**ebil**ecek misin?
— İşlerim çok fazla, maalesef gel**eme**yeceğim.

— Bu otobüse binecek misin?
— Hayır, çok kalabalık bin**eme**yeceğim.

Üleştirme sayı sıfatları. -ar (-er), -sar (-ser)

Bir**er** bir**er** geliniz.
Dör**der** dör**der** sıraya giriniz.
Parayı yüz**er** yüz**er** sayınız.
Bavulları tek**er** tek**er** getiriniz.

Son sesi ünlü olan kelimelerden sonra:

Kitapları elli**şer** elli**şer** paket yaptılar.
Kitapları elli**şer**lik paketler halinde yolladılar.
Yedi**şer** yedi**şer** bahçede toplanınız.
Yedi**şer**lik gruplar halinde bahçede toplanınız.
Pokeri kaç**ar** kişiyle oynayacaksınız?
Askerler kaç**ar** kaç**ar** yürüyorlar?

Alıştırmalar:

1. Lütfen cevap veriniz.

1. Pikniğe kimler gidiyor? ....
2. Çamkoru neresidir? ....
3. Pikniğe hangi aylarda gidiyorsunuz? ....
4. Öğrenciler piknikte neler yapıyor? ....

2. Lütfen cevap veriniz.

Köpek kulübeye girebilir mi? —Evet, köpek kulübeye girebilir.

1. Fil kulübeye girebilir mi? Hayır..
2. Ahmet bavulu kaldırabilir mi? Evet..
3. Ayşe araba kullanabilir mi? Hayır..
4. Mehmet bugün gelebilir mi? Evet..
5. Çocuk mektup yazabilir mi? Hayır..
6. Emel uzun yürüyebilir mi? Hayır..
7. Sevinç otobüsle gidebilir mi? Evet..
8. Özlem Emel'e uğrayabilir mi? Evet..

3. Lütfen olumlu yapınız.

Dün zamanında orada olamadık. —Dün zamanında orada olduk.

1. Dün sabah ona haber veremedik.

....

2. Dün akşam size telefon edemedik.

....

3. Bu hafta seni göremeyeceğim.

....

4. Yarından sonra gelemeyeceğim.

....

5. Dün postaneye gidemedin mi?

....

6. Geçen hafta anneni göremedin mi?

....

7. Sabahları erken uyanamıyor mu?

....

8. Dün akşam banyo yapamadık.

....

9. Otobüs zamanında gelemedi.

....

4. Lütfen örnekteki gibi yapınız.

Galiba otobüse binemeyeceğiz. — Belki bir sonraki otobüse binebiliriz.

1. Galiba bu yaz tatile çıkamayacağız.

Bitte nicht ausfüllen

....

2. Galiba yarın akşam size gelemeyeceğiz.

....

3. Galiba bugün bütün mektupları yazamayacağım.

....

4. Galiba bugünkü uçağa yetişemeyeceğim.

....

Bakınız ve anlatınız.

5. Lütfen cevap veriniz.

Yemeklerin hepsini yiyebilecek misin? — Hayır, hepsini yiyemeyeceğim.

1. Bu akşam bize gelebilecek misin?
2. Bu yaz tatile çıkabilecek misin?
3. Bu arabayı satın alabilecek misin?
4. Doktora kadar yürüyebilecek misin?
5. Borcunun hepsini ödeyebilecek misin?
6. Kitabı yarına kadar okuyabilecek misin?

6. Lütfen soru cümlesine çeviriniz.

Kaza yapmaktan korkuyorsun. —Kaza yapmaktan korkuyor musun?

1. Geç kalmaktan korkuyor. Hayır..
2. Yalnız kalmaktan korkuyorsun. Evet..
3. Uçağa binmekten korkuyorlar. Hayır..
4. Sokağa çıkmaktan korkuyor. Evet..
5. Kalbini kırmaktan korkuyor. Evet..
6. Otobüsle gitmekten korkuyor. Evet..

7. Lütfen belirsiz geçmiş zamana çeviriniz.

Akşam gelecekti, ama gelemedi. — Akşam gelecek**miş**, ama geleme**miş**.

1. Sana verecekti, ama veremedi.

Bitte nicht ausfüllen

....

2. Bize geleceklerdi, ama gelemediler.

....

3. Telefon edecekti, ama edemedi.

....

4. Çok istediler, ama alamadılar.

....

5. Gitmek istediler, ama gidemediler.

Bitte nicht ausfüllen

....

6. Konuşmak istedi, ama konuşamadı.

....

7. Sana soracaktı, ama soramadı.

....

8. Onu görecekti, ama göremedi.

....

8. Lütfen olumsuz yapınız.

1. Bugün postaneye uğrayabilirim.	Bugün postaneye uğrayamam.
2. Bugün postaneye uğrayabilirsin.	....
3. Bugün postaneye uğrayabilir.	....
4. Bugün postaneye uğrayabiliriz.	....
5. Bugün postaneye uğrayabilirsiniz.	....
6. Bugün postaneye uğrayabilirler.	....

6 DOKTORDA

Sekreter: Buyurun efendim.

Deniz : Muayene olmak istiyorum.

Sekreter: Randevunuz var mı?

Deniz : Evet, saat 15.00 için randevu aldım.

Sekreter: Adınız, soyadınız?

Deniz : Deniz Samlı.

Sekreter: Haklısınız. Saat 15.00 için randevunuz var. Buyurun içeri.

Deniz : Teşekkür ederim.

Doktor : Geçmiş olsun! Şikâyetiniz nedir?

Deniz : Üç dört gündür üzerimde bir halsizlik vardı. Dün birdenbire ateşim yükseldi. Boğazım, başım, kulaklarım, sırtım, bacaklarım kısacası her tarafım ağrıyor.

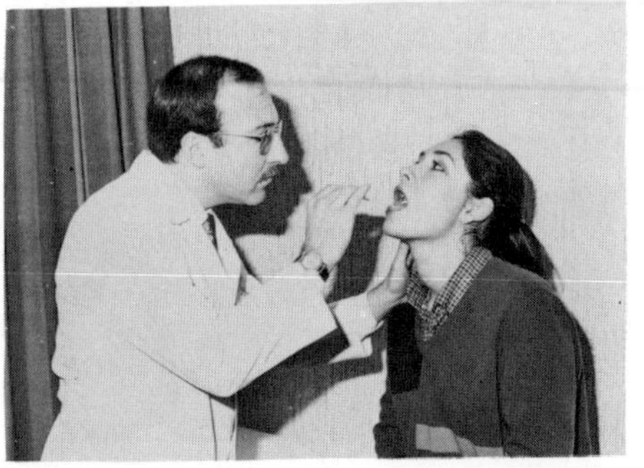

Doktor : Ağzınızı açın. Dilinizi çıkarın Gözlerime bakın. Şimdi sağa bakın. Şimdi de sola. Teşekkür ederim. Mideniz bulanıyor mu?

Deniz : Evet, iki kere kustum. Yemek yiyemiyorum.

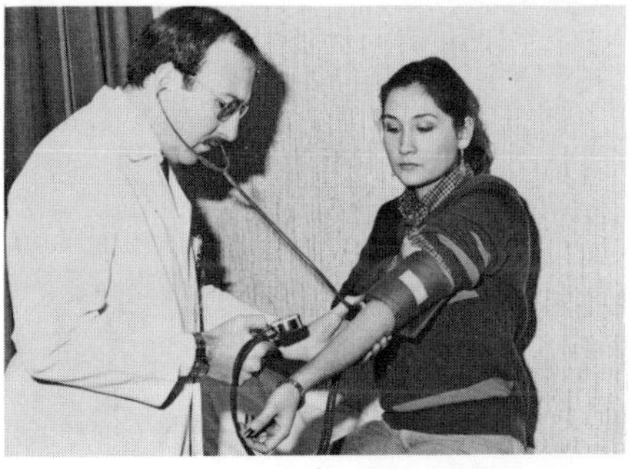

Doktor : Tansiyonunuzu ölçeyim. Bir de göğsünüzü, sırtınızı dinleyeyim. Derin nefes alın. Nefesinizi tutun. Bırakın. Tekrar derin nefes alın. Bırakın. Kalkabilirsiniz.

Deniz : Neyim var Doktor?

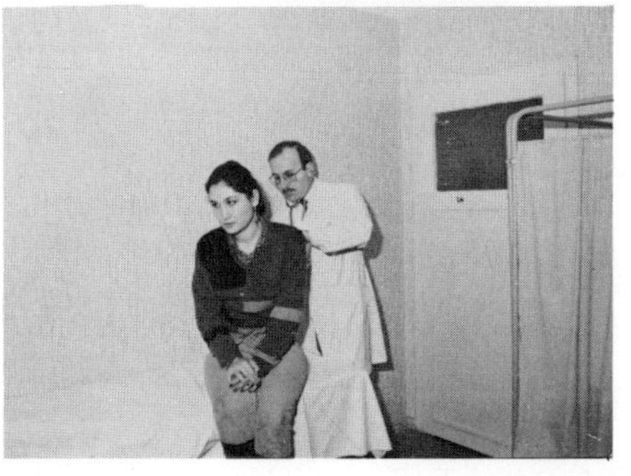

Doktor : Kesin bir şey söyleyemem. Kan ve idrar tahlili yaptırmamız gerekiyor. Bir de röntgen isteyeceğim. Göğüs röntgeni. Niçin daha önce gelmediniz?

Deniz : Önem vermedim. Aspirinle geçer sandım. Önemli mi Doktor Bey?

Doktor : Sanmıyorum. Ama emin olmak için tahlillerin sonucunu beklemek gerekir. İnşallah önemli bir şey çıkmaz. Siz tahlillerinizi yaptırın. Röntgen filminizi çektirin. Yeniden bir kontrol edelim.

Deniz : Teşekkür ederim Doktor Bey.

Doktor : Bir şey değil. Geçmiş olsun.

Doktora gitmeden önce randevu almalıyız. Randevu alırsak, fazla beklemez ve vakit kaybetmeyiz. Deniz de doktordan randevu alarak vakit kaybını önlüyor.

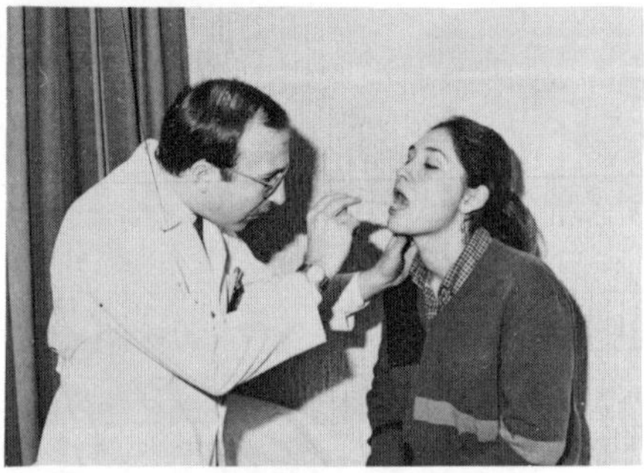

Doktor, hastalığı doğru teşhis edebilmek için hastaları iyi muayene etmelidir. Teşhis için acele etmemelidir. Gerek duyarsa, kan ve idrar tahlilleri yaptırmalı, röntgen filmi istemelidir.

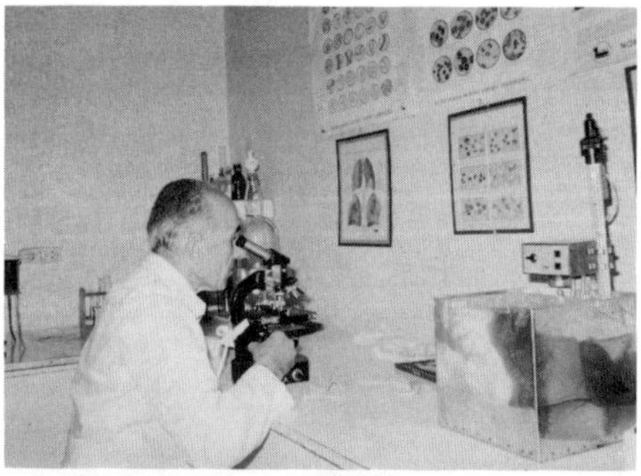

Deniz, kan tahlili yaptırıyor. Tahlil sonucunda kanda lökosit miktarı fazla çıkıyor. Doktor vücutta iltihaptan şüpheleniyor. Çünkü kanda lökositin fazla çıkması, vücutta iltihap olduğuna işarettir.

Doktor, röntgen filmine bakıyor. Akciğerlerde iltihap görüyor. Deniz'in iyileşebilmesi için çok dikkat etmesi, kesinlikle üşütmemesi gerekiyor. Doktor, Deniz'e on beş günlük rapor veriyor ve yatak istirahati tavsiye ediyor.

Kışın Nelere Dikkat etmeliyiz?

Genellikle kış günleri üşütür, soğuk alırız. Bu sebeple soğuğa karşı kendimizi korumalı, kalın giyinmeliyiz. Deniz, sağlığına dikkat etmiyor ve üşütüyor.

Kış günleri özellikle nezle ve grip salgın halindedir. Kış hastalıklarına karşı korunabilmek için aşağıdaki kurallara dikkat etmeliyiz:

a) Kışın daha kalın elbiseler giymeliyiz.
b) Yağmurlu ve karlı havalarda şemsiye kullanmalıyız.
c) Sıcaktan soğuğa hemen çıkmamalıyız.
d) Bol C vitamini almalıyız.
e) Hastalanınca hemen doktora gitmeliyiz.
f) Doktorun tavsiyelerine uymalı, verdiği ilaçları kullanmalıyız.
g) Grip ve nezle bulaşıcı hastalıktır. Grip ve nezle olan hastalardan uzak durmalıyız.

Bütün bunlara rağmen hasta olur, grip ve nezleye yakalanırsak, şunu unutmamalıyız. Gribin en iyi tedavisi dinlenmektir. Gribe ilaç pek fayda etmez. Bu yüzden halk arasında grip için söylenen bir söz vardır. "İlaç kullanmazsak, grip yedi gün sürer. İlaç kullanırsak, bir haftada geçer."

Dilbilgisi:

Gereklik kipi: -malı (-meli)

Çalış-**malı**-y-ım	çalış-ma-**malı**-y-ım	git-**meli**-y-im	git-me-**meli**-y-im
çalış-**malı**-sın	çalış-ma-**malı**-sın	git-**meli**-sin	git-me-**meli**-sin
çalış-**malı**	çalış-ma-**malı**	git-**meli**	git-me-**meli**
çalış-**malı**-y-ız	çalış-ma-**malı**-y-ız	git-**meli**-y-iz	git-me-**meli**-y-iz
çalış-**malı**-sınız	çalış-ma-**malı**-sınız	git-**meli**-siniz	git-me-**meli**-siniz
çalış-**malı**-lar	çalış-ma-**malı**-lar	git-**meli**-ler	git-me-**meli**-ler

-ma (-me)

Sigarayı bırak**malı**sın. —Sigarayı bırak**man** lazım.
Sigarayı bırak**malı**sın. —Sigarayı bırak**man** icap ediyor.
Sigarayı bırak**malı**sın. —Sigarayı bırak**man** gerek.

Derslere çok çalış**malı**yım. — Derslere çok çalış**mam** lazım.
Derslere çok çalış**malı**yım. — Derslere çok çalış**mam** icap ediyor.
Derslere çok çalış**malı**yım. — Derslere çok çalış**mam** gerekiyor.

-mak (-mek)

Başarıya ulaşmak için, çok çalış**mak** gerek.
Sağlığımızı korumak için, sigarayı az iç**mek** gerek.
Karar vermeden önce, iyice düşün**mek** gerek.
Günde en az sekiz saat uyu**mak** gerek.

-malı (-meli) gereklik eki üzerine bazan -dır (-dir,-dur,-dür) bildirme eki gelir.

Ahmet, bugün mutlaka okula gel**melidir.**
Öğretmenler, öğrencilerden daha çok kitap oku**malıdır.**
Deniz, bir röntgen filmi çektir**melidir.**
Deniz, en az bir hafta evde istirahat et**melidir.**
Hastalar beklemek istemiyorsa, doktordan randevu al**malıdır.**

Saat beşte evde olmam gerek.	= Saat beşte evde ol**malı**yım
İstanbul'a gitmesi gerek.	= İstanbul'a git**meli.**
Bugün elçiliğe uğramamız gerek.	= Bugün elçiliğe uğra**malı**yız.
Yarın sabah doktoru görmeleri gerek.	= Yarın sabah doktoru gör**meli**ler.
Çok çalışmanız gerek.	= Çok çalış**malı**sınız.
Biraz acele etmemiz gerek.	= Biraz acele et**meli**yiz.
Oraya gitmem gerek.	= Oraya git**meli**yim.
Sigara içmemesi gerek.	= Sigara içme**meli.**

Ulaç: -ken

a. Kahvaltı yaparım. b. O sırada gazete de okurum.	Kahvaltı yapar**ken** gazete okurum.
a. Tıraş oluyorum. b. O sırada radyo da dinliyorum.	Tıraş olur**ken** radyo dinliyorum.
a. Bu sabah okula gittim. b. O sırada Ahmet'i de gördüm.	Bu sabah okula gider**ken** Ahmet'i gördüm.
a. Gazete okurum. b. O sırada sigara içmem.	Gazete okur**ken** sigara içmem.
a. Ders çalışırım. b. O sırada radyo dinlemem.	Ders çalışır**ken** radyo dinlemem.
a. Annem kardeşimin yüzünü sabunla yıkar. b. O sırada kardeşim ağlar.	Annem kardeşimin yüzünü sabunla yıkar**ken,** kardeşim ağlar.
a. Ben bekârım. b. O zaman bu evde oturuyordum.	Ben bekâr**ken** bu evde oturuyordum.

Alıştırmalar:

1. Lütfen cevap veriniz.

1. Deniz, doktora niçin gidiyor? ....
2. Deniz, hangi tahlilleri yaptırıyor? ....
3. Tahlil sonuçları nasıl çıkıyor? ....
4. Deniz'in hastalığı nedir? ....
5. Deniz nelere dikkat etmeli? ....

2. Lütfen olumsuz yapınız.

Yarın sabah erken gelmelisin. — Yarın sabah erken gelmemelisin.

1. Yarın sabah geç gelmelisin. ....
2. Bugün acele yazmalısın. ....
3. Akşam muhakkak gitmeliyiz. ....
4. Cuma günü işe başlamalıyız. ....
5. Akşam erkenden uyumalıyız. ....
6. Bu sabah geç kalkmalıyım. ....
7. Hemen telefon etmeli. ....
8. Saat altıda evde olmalı. ....
9. Üç gün içinde geri dönmeli. ....
10. Bu ay bana borcunu vermelisin. ....

3. Lütfen örnekteki gibi yapınız.

Bu akşam eve erken dönmem gerek —Bu akşam eve erken dönmeliyim.

1. Bu kapıyı açmam gerek. ....
2. Biraz daha beklemem gerek. ....
3. Doktora gitmen gerek. ....
4. Yalnız Türkçe konuşmanız gerek. ....
5. İstanbul'a gitmeleri gerek. ....
6. Müzeyi görmeleri gerek. ....

4. Lütfen örnekteki gibi yapınız.

Saat beşte evde olmalıyım. —Saat beşte evde olmam gerek.

1. Saat beşte evde olmalısın. ....
2. Saat üçte evde olmalı. ....
3. Saat altıda evde olmalıyız. ....
4. Yarın okulda olmalısınız. ....
5. Yarın mektubu yazmalılar. ....
6. Bugün paketi göndermeliyiz. ....

Bitte nicht ausfüllen

5. Lütfen tamamlayınız.

1. İstanbul'a gitmem gerekiyor. İstanbul'a gitmeliyim.
2. Ders çalışmam.......................... Ders çalış................................
3. Kitap okumam.......................... Kitap oku................................
4. Haber vermem.......................... Haber ver................................
5. Yatıp uyumam.......................... Yatıp uyu................................

6. Lütfen cevap veriniz.

Nereye gitmemi istiyor? —Hastaneye gitmeni istiyor.

1. Nereye gitmemi istiyor? Müze......................................
2. Nereye gitmemi istiyor? Pazar......................................
3. Nereye gitmesini istiyor? Süpermarket..............................
4. Nereye gitmesini istiyor? Kasap......................................
5. Nereye gitmenizi istiyor? Tiyatro....................................
6. Nereye gitmenizi istiyor? Gazino....................................

7. Lütfen olumlu yapınız.

Bunu ona söylememelisin. — Bunu ona söylemelisin.

1. Bunu ona yazmamalısın. ....
2. Bunu ona anlatmamalısın. ....
3. Bunu ona açıklamamalıydık. ....
4. Bunu ona göstermemeliydiniz. ....
5. Bunu ona vermemelisiniz. ....
6. Bunu ona göndermemeliler. ....

8. Lütfen belirli geçmiş zamana çeviriniz.

Kışın kalın giymelisin. — Kışın kalın giymeliydiniz.

1. Kışın C vitamini almalısın. ....
2. Yazın ince giyinmelisin. ....
3. Gençken spor yapmalısın. ....
4. Hafta sonu iyi dinlenmelisin. ....
5. Doktora vaktinde gitmelisin. ....
6. Akşam evde dinlenmelisin. ....

9. Lütfen olumsuz yapınız.

Eve dönerken Ayşe'yi görmüş. — Eve dönerken Ayşe'yi görmemiş.

1. Eve dönerken Ayşe'yi görmüşler. ....
2. Eve dönerken Ayşe'yi görmüşsün. ....
3. Eve dönerken Ayşe'yi görmüştüm. ....
4. Eve dönerken Ayşe'yi görmüştük. ....
5. Eve dönerken Ayşe'yi görmüştünüz. ....
6. Eve dönerken Ayşe'yi görmüştü. ....

Bitte nicht ausfüllen

10. Lütfen cümle kurunuz.

1. hastane-olmak-muayene-gidip-istiyorum-yarın-onda-saat-annemle

....

2. edip-sekreterine-telefon-doktorun-istedim-için-randevu-saat-üç

....

3. sonra-ateşim-yemekten-birdenbire-yükseldi

....

4. birkaç-niçin-edip-gün-önce-telefon-almadınız-randevu-doktordan

....

5. içip-yemek-ilacını-yemeden-uyudu-gitti

....

11. Lütfen cümle kurunuz.

yarın-okul-gelmek—Yarın okula gelebileceğim.

1. yarın-havaalanı-gitmek ....
2. doktor-hasta-tedavi etmek ....
3. hafta sonu-İzmir-gitmek ....
4. sınav-sonra-dinlenmek ....
5. üç ay-dört kilo-zayıflamak ....
6. yemek-sonra-kahve-içmek ....

12. Lütfen belirli geçmiş zamana çeviriniz.

Bunu böyle yapmamalısın. — Bunu böyle yapmamalıydın.

1. Böyle çok çalışmalısın. ....
2. Böyle çok okumamalı. ....
3. Böyle hızlı koşmamalıyız. ....
4. Böyle hızlı konuşmamalısın. ....
5. Kendini bu kadar yormamalısın. ....
6. Bu kadar çok üzülmemelisin. ....

Bitte nicht ausfüllen

13. Lütfen soru cümlesine çeviriniz.

Babamdan izin almalıyım. — Babamdan izin almalı mıyım?

1. Bugün tiyatroya gitmeliyiz. ....
2. Annenden izin almalısın. ....
3. Müdürden izin almalılar. ....
4. Tatile yarın çıkmalıyız. ....
5. Bugün daha çok çalışmalıyım. ....
6. Mektubu mutlaka yazmalı. ....

14. Lütfen soru cümlesine çeviriniz.

Onu ders çalışır**ken** gördüm. — Onu ders çalışır**ken** gördün mü?

1. Onu çay içerken gördüm. ....
2. Ali'yi kitap okurken gördüm. ....
3. Selma'yı mektup yazarken gördüm. ....
4. Ahmet'i hastayken gördüm. ....
5. Seni gülerken gördüm. ....
6. Sizi ağlarken gördüm. ....

OTUZ BEŞ YAŞ ŞİİRİ

Yaş otuz beş! yolun yarısı eder.
Dante gibi ortasındayız ömrün.
Delikanlı çağımızdaki cevher,
Yalvarmak, yakarmak nafile bugün,
Gözünün yaşına bakmadan gider.

Şakaklarıma kar mı yağdı ne var?
Benim mi Allahım bu çizgili yüz?
Ya gözler altındaki mor halkalar?
Neden böyle düşman görünürsünüz,
Yıllar yılı dost bildiğim aynalar?

Zamanla nasıl değişiyor insan!
Hangi resmime baksam ben değilim.
Nerde o günler, o şevk, o heyecan?
Bu güler yüzlü adam ben değilim;
Yalandır kaygısız olduğum yalan.

Hayal meyal şeylerden ilk aşkımız;
Hâtırası bile yabancı gelir.
Hayata beraber başladığımız
Dostlarla da yollar ayrıldı bir bir;
Gittikçe artıyor yalnızlığımız.

Gökyüzünün başka rengi de varmış!
Geç farkettim taşın sert olduğunu.
Su insanı boğar, ateş yakarmış!
Her doğan günün bir dert olduğunu,
İnsan bu yaşa gelince anlarmış.

Ayva sarı nar kırmızı sonbahar!
Her yıl biraz daha benimsediğim.
Ne dönüp duruyor havada kuşlar?
Nerden çıktı bu cenaze? ölen kim?
Bu kaçıncı bahçe gördüm tarumar?

Neylersin ölüm herkesin başında.
Uyudun uyanmadın olacak.
Kimbilir nerde, nasıl, kaç yaşında?
Bir namazlık saltanatın olacak,
Taht misâli o musalla taşında.

Cahit Sıtkı Tarancı

7 DİŞÇİDE

Erksin Hanım, Esen Hanım dişlerinden rahatsızdırlar. İkisi birlikte dişçiye gidiyorlar. Esin Hanım da onlarla beraber geliyor. Bekleme odasında oturuyorlar, uzunca bir zaman kendilerine sıranın gelmesini bekliyorlar. Bekleme odasında bir bayan daha var. Hep birlikte konuşuyorlar:

Bayan : Dişlerinizden uzun zamandan beri mi rahatsızsınız?

Erksin Hanım: İki aydan beri. Ama son bir haftadır, ağrılarım arttı. Artık dayanamaz oldum, Esen Hanım da dişlerini bir kontrol ettirmek istedi. Dün doktordan randevu aldık. Fakat galiba biraz bekleyeceğiz.

Bayan : Doktor Bey tam dakik olamıyor. İçerde işler bazen uzun sürüyor. Hastalar beklemek zorunda kalıyor. Bu benim üçüncü gelişim. Üçünde de beklemem gerekti.

Esen Hanım : Sizin rahatsızlığınız nedir?

Bayan : Ben protez yaptırıyorum. Oğlumun da bir dişi çekilecek.

Esen Hanım : Küçük yaramaz, şekeri, çikolatayı fazla mı yiyorsun?

Çocuk : Hayır, fazla yemiyorum.

Esen Hanım : Peki, dişlerin neden çürüdü? Bundan sonra çikolatayı ve şekeri biraz az ye, olur mu?

Bayan : Sizin rahatsızlığınız nedir hanımefendi?

Esin Hanım : Benim rahatsızlığım yok. Dişlerim sağlam. Erksin ve Esen Hanımlarla alış verişe çıkmıştık. Hep birlikte buraya geldik.

Bayan : Aman ne güzel! Dişlerinize iyi bakın. Diş ağrısına katlanmak çok zor.

Sekreter : Hanımefendi, sıra sizde. Lütfen buyurun!

Erksin Hanım: Ay! Benim diş ağrım geçti. Hiçbir şeyim kalmadı.

Esen Hanım : Birazcık cesur olun, korkmayın!

Erksin Hanım: Esenciğim önce sen git. Benim ağrım geçti.

Esen Hanım : Ama, benimki zaten ağrımıyor. Ben sadece kontrol ettireceğim. Azıcık canınız yanacak işte hepsi o kadar.

Erksin Hanım: Olsun, sen kontrolünü yaptır. Ben daha sonra gelirim.

Esen Hanım doktorun yanına girer. Dişleri doktor tarafından muayene edilir. Hepsi sağlam çıkar. Daha sonra Erksin Hanımın dişleri muayene edilir. Üç çürük diş tespit edilir. Doktor, Erksin Hanıma bu dişlerin çekilmesi gerektiğini söyler. Erksin Hanım diş çektirmekten korkar. Sonra yeniden geleceğini söyleyerek doktordan ayrılır.

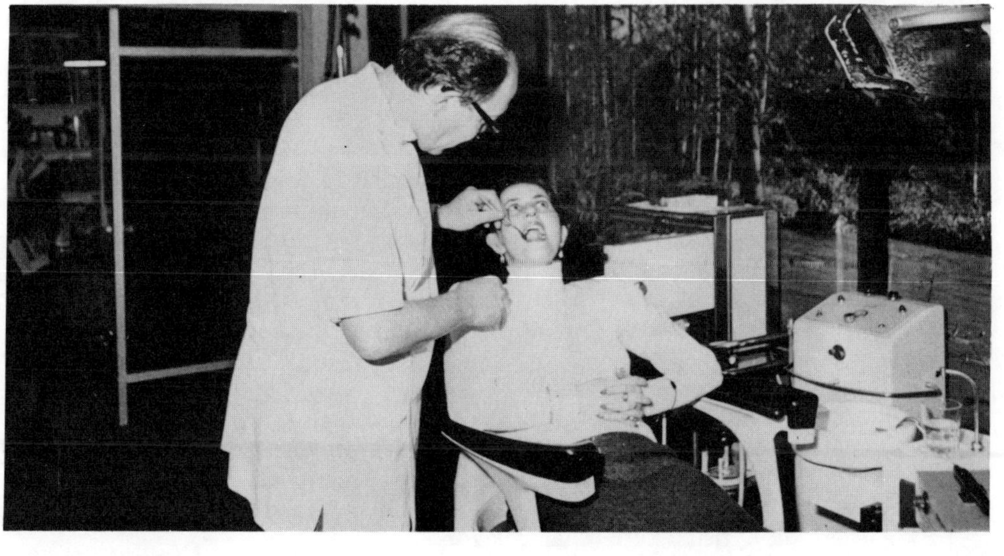

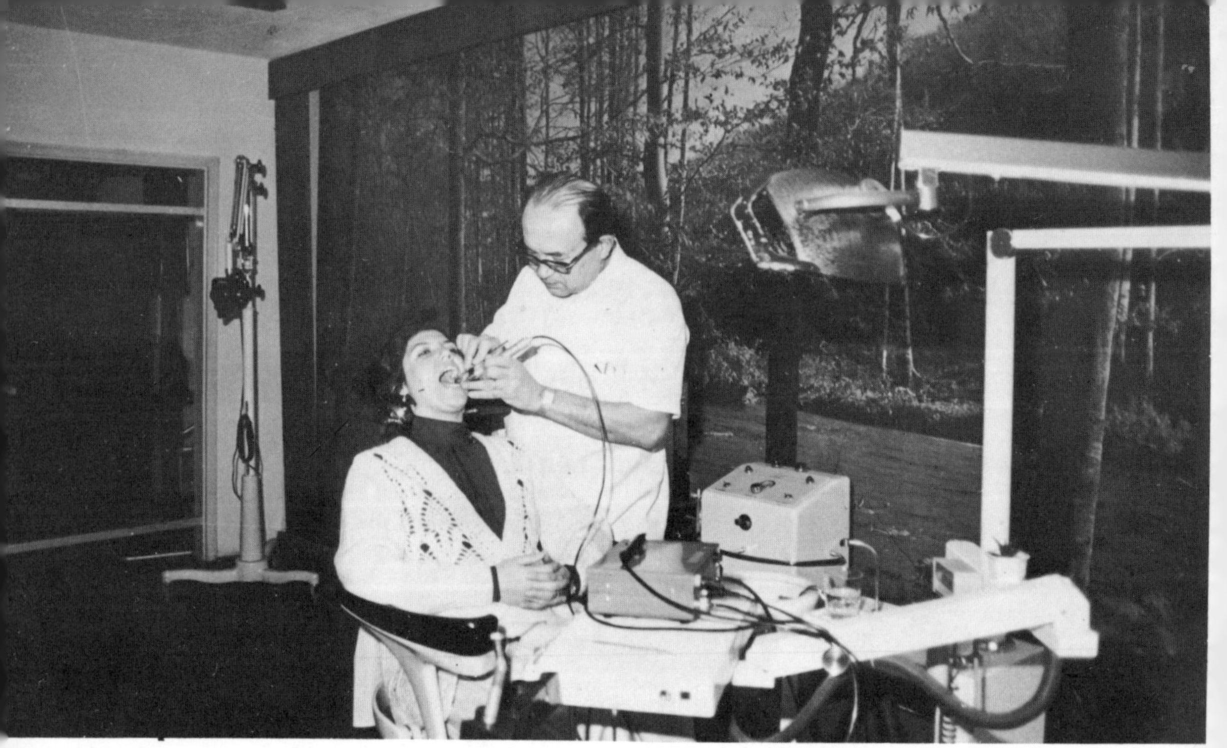

ERKSİN HANIMIN DİŞİ ÇEKİLİYOR

Erksin Hanım: Doktor Bey, bu dişleri çekmeseniz olmaz mı? Dolgu yapsanız...
Diş Doktoru : Olmaz, dişleriniz çok çürümüş, dolgu yapamayız. Mutlaka çekilmesi gerek. Yoksa sağlığınıza çok zarar verir. Biliyorsunuz çürük dişlerin yapmadığı hastalık yoktur. İltihap, dişin kök zarına kadar ulaşmış. Dişlerinizden ikisi mikrop yuvası olmuş. Bu mikroplar mafsal ve adale romatizması; kalp, böbrek iltihabı yapabilir. Apandisit vakalarının çoğu da çürük dişlerden meydana gelir.
Erksin Hanım: Aman Doktor Bey, siz bende sağlam yer bırakmayacaksınız. Herhalde iki dişimi kaybedeceğim. Üçüncü çürük dişe de dolgu yapacaksınız.
Diş Doktoru : Evet, iki dişiniz çekilecek, bir dişinize de dolgu yapılacak. Ama üzülmeyin. Ben size kendi dişinizden çok daha güzel iki diş yapacağım.
Erksin Hanım: Ya ağrısı ne olacak?
Diş Doktoru : Hiç merak etmeyin. Diş etinize iğne yapıp uyuşturacağım. Hiç acı duymayacaksınız. Aylardır çektiğiniz sıkıntılar, acılar son bulacak.
Erksin Hanım: İğne acıtmaz değil mi?
Diş Doktoru : Hayır, hiç acıtmaz. Birazcık acı çekeceksiniz, ama bundan sonra dişlerinize iyi bakarsınız. Sabah akşam dişlerinizi mutlaka fırçalamalı, üç dört ayda bir kontrole gelmelisiniz.
Erksin Hanım: Olur Doktor Bey. Söylediklerinizin hepsini yapacağım. Çünkü diş ağrısına katlanmak çok zor.

ZAMANI KULLANMAK

Yaşamaya zaman ayırın; çünkü zaman bunun için yaratılmıştır.

Vakit öldürmek, intihar etmek demektir.

Çalışmaya zaman ayırın, başarının bedeli budur.

Düşünmeye zaman ayırın, gücün kaynağı budur.

Eğlenmeye zaman ayırın, sağduyunun kaynaklarından biri budur.

Çevrenizdekilere nazik davranmaya zaman ayırın, mutluluğa giden yol budur.

Hayal kurmaya zaman ayırın, dünyanın dertlerini kısa bir zaman unutmak için en tatlı çözüm budur.

Çevrenize bakmaya zaman ayırın, günler insanın bencil olmasına izin vermeyecek kadar kısadır.

Gülmeye zaman ayırın, ruhun müziği budur.

Çocuklarla oynamaya zaman ayırın; bu, zevklerin en büyüğüdür.

Terbiyeli olmaya zaman ayırın; bu, toplum insanının sembolüdür.

Dilbilgisi:

Edilgen eylem: -l (-ıl, -il, -ul, -ül)

Öğrenci kapıyı açtı.	Kapı açıldı.
Esen Hanım mektubu yazdı.	Mektup yazıldı.
Postacı mektubu Ali'ye verdi.	Mektup Ali'ye verildi.
Öğretmen dersi anlattı.	Ders anlatıldı.
Ahmet telefonu bozdu.	Telefon bozuldu.
Polis hırsızı vurdu.	Hırsız vuruldu.
Doktor röntgen filmini gördü.	Röntgen filmi görüldü.
Doktor hastanın dişini çekti.	Hastanın dişi çekildi.

-n (-ın, -in, -un, -ün)

Tayfa gemiyi gördü.	Gemi göründü.
Ayşe cüzdanı buldu.	Cüzdan bulundu.
Postacı kapıyı çaldı.	Kapı çalındı.
Esen Hanım paketi aldı.	Paket alındı.
Öğrenci tahtayı sildi.	Tahta silindi.
Erksin Hanım kitabı okudu.	Kitap okundu.
Öğrenciler dersi dinledi.	Ders dinlendi.
Ali eve bir saat aldı.	Eve saat alındı.

Küçültme Sıfatları: -ca (-ce, -ça, -çe)

küçük**çe**: az küçük
Mehmet, dün bize küçük**çe** bir paket getirdi.

büyük**çe**: az büyük
Mehmet, dün bize büyük**çe** bir paket getirdi.

ufak**ça**: az ufak
Kemal Bey yanına ufak**ça** bir valiz aldı.

uzun**ca**: uzun gibi, oldukça uzun
Öğrenciler uzun**ca** bir ip getirdiler.

güzel**ce**: az güzel
Güzel**ce** bir kız yanıma yavaş**ça** yaklaştı.

-cık (-cik, -cuk, -cük)

küçü**cük**: çok küçük
Küçü**cük** bir öğrenci otobüsten indi.

mini**cik**: çok minik
Cemil Beyin elinde mini**cik** bir kalem vardı.

ufa**cık**: çok ufak
Osman, ufa**cık** bir paketi Cemil Beye verdi.

sıca**cık**: çok sıcak
Kış günü sıca**cık** bir çay içtim, içimi ısıttı.

-cık, -cağız eki sevgi, acıma ve şefkat anlamlarını da verir.

anne**ciğim**: (anne -cik -im) sevgili anneciğim

Sevgili anne**ciğim**, seni çok özledim.
Sevgili baba**cığım**, sana mektup yazmakta geciktim.
Seni çok beklettim, kusura bakma Ahmet**çiğim**.
Kamyon hızla zavallı adam**cağıza** çarptı.
Zavallı kadın**cağız** soğuk bir evde yalnız kalıyor.
Zavallı bebek**çeğiz** soğukta hemen üşüttü.

Alıştırmalar:

1. Lütfen cevap veriniz.

1. Erksin Hanımın dişleri ne kadar zamandan beri rahatsızdır?
2. Diş doktoru niçin dakik olamıyor?
3. Esen Hanımın dişlerinden şikâyeti var mı?
4. Erksin Hanım dişlerini niçin çektirmek istemiyor?

2. Lütfen edilgen cümle yapınız.

Bu arabayı sizin için yaptım. — Bu araba sizin için yapıldı.

1. Bu kitabı sizin için yazdım. ....
2. Bu resmi sizin için yaptım. ....
3. Bu kalemi senin için aldım. ....
4. Paketi senin için yolladım. ....
5. Çiçekleri senin için getirdim. ....
6. Kapıyı senin için açtım. ....

3. Lütfen edilgen cümle yapınız.

Terzi elbiseyi dikti. -Elbise dikildi.

1. İşçiler yolu yaptı. ....
2. Ayşe pencereyi açtı. ....
3. Öğrenciler camı kırdı. ....
4. Hırsız cüzdanı çaldı. ....
5. Cevdet paketi aldı. ....
6. Doktor dişi çekti. ....

4. Lütfen edilgen cümle yapınız.

Bu resmi bir ayda yaptım. —Bu resim bir ayda yapıldı.

1. Bu evi üç yılda yaptım. ....
2. Bu mektubu on dakikada yazdım. ....
3. Arabayı yüz bin liraya aldı. ....
4. Fakülteyi dört yılda bitirdi. ....
5. Yemeklerin hepsini yedi. ....
6. Hakim şahitleri dinledi. ....

5. Lütfen örnekteki gibi yapınız.

Erksin Hanım küçük bir ev aldı.	Erksin Hanım küçü**cük** bir ev aldı.

1. Biraz acı çekeceksiniz. ....
2. Size minik bir hediye getirdim. ....
3. Sevgili annem bugün geldi. ....
4. Zavallı adam yere düştü. ....
5. Kendime ufak bir araba aldım. ....
6. Sıcak bir çorba içtim. ....

6. Lütfen örnekteki gibi yapınız.

Dişlerinizi uzun zaman ihmal etmişsiniz.
Dişlerinizi uzun**ca** bir zaman ihmal etmişsiniz.

1. Bekleme odasında uzun zaman beklediler.

....

2. Bir adam yanıma çok yavaş yaklaştı.

....

3. Kalabalığın içinden küçük bir çocuk bağırdı.

....

4. Postacı kapının önüne büyük bir paket bıraktı.

....

7. Lütfen gelecek zamana çeviriniz.

1. Erksin Hanımın dişi çekildi. Erksin Hanımın dişi çekil**ecek.**
2. Esen Hanım muayene edildi. ....
3. Evdeki duvar saati bozuldu. ....
4. Haber kısa zamanda duyuldu. ....
5. Fabrikada bugün işe başlandı. ....

8. Lütfen belirsiz geçmiş zamana çeviriniz.

Benim otomobil yapıldı. — Benim otomobil yapıl**mış**.

1. Sınıfın penceresi açıldı. ....
2. Aydın Beyin evi satıldı. ....
3. Bizim mahallenin suları kesildi. ....
4. İstanbul'a telefon edildi. ....
5. Pazar günü pikniğe gidildi. ....
6. Katil, bu sabah İzmir'de yakalandı. ....

9. Lütfen olumsuz yapınız.

Sinemaya geç gidildi. —Sinemaya geç gidil**me**di.

1. Kayıp çanta bulundu. ....
2. Ahmet'e mektup yazıldı. ....
3. Verilen söz tutuldu. ....
4. Kiralık ev tutuldu. ....
5. Gece erken yatıldı. ....
6. Bu sabah geç kalkıldı. ....
7. Eski araba satıldı. ....
8. Bozuk yumurtalar atıldı. ....
9. Selma da aramıza katıldı. ....

10. Lütfen cümle kurunuz.

yemekte-çok-su-içilmek — **Yemekte çok su içildi.**

1. ekmek-yemekte-yenilmek-çok. ....
2. cam-okulda-dün-kırılmak ....
3. resim-yapılmak-Ali-tarafından ....
4. mektup-yazılmak-Ahmet Beye ....
5. İstanbul-gönderilmek-paket ....
6. ev-hafta-geçen-boyandı ....

KİTAPÇIDA

8

Bizim sokağın en çok sevilen insanı kitapçı Hayri Beydir. Hayri Bey, uzun boylu, elli, elli beş yaşlarında sevimli bir insandır. Onu herkes tanır, herkes sever. Hepimiz kitap, dergi, gazete almak için her gün ona uğrarız. Ama kitapçıya en çok öğrenciler gider. Öğrenciler okul kitaplarını, defterlerini, kalem ve silgilerini hep ondan alırlar. Bakın, aceleci dostu Lütfi Bey, bir delikanlı ve bir genç kız dükkâna giriyorlar.

Lütfi Bey : Günaydın dostum.
Hayri Bey: Günaydın Lütfi.
Lütfi Bey : Bir Hürriyet Gazetesi lütfen...
Hayri Bey: Özür dilerim, gazete gelmedi.
Lütfi Bey : Nasıl olur? Saat dokuza geliyor.

Hayri Bey: Bugün nedense geç kaldı. Telefon ettim, biraz sonra gelecek.
Lütfi Bey : Çok kötü. Yarım saat sonra trenim hareket edecek. Yolda ne okuyacağım?
Hayri Bey: Çok üzgünüm.
Lütfi Bey : Neyse istasyonda alırım artık.
Hayri Bey: Belki orada da bulamazsın. İstersen sana kitap, dergi vereyim.
Lütfi Bey : Fena olmaz. Benim için, bir kitap, bir dergi seçiver.
Genç : Nasılsınız Hayri Bey? Spor dergisi geldi mi?
Hayri Bey: Tabii, işte şurada, önünde.
Genç : Biliyor musunuz, yarın çok önemli bir futbol maçı var.
Hayri Bey: Televizyon verecek mi?
Genç : Belli değil. Belki verir. Ben stada gidip seyredeceğim. Şimdi bilet almaya gidiyorum. Hadi hoşça kalın.
Hayri Bey: Ah şu gençler. Evde oturup rahat rahat seyretmek varken... Siz ne istiyorsunuz küçük hanım?
Genç Kız : Bir roman almak istiyorum.
Hayri Bey: Ne tür bir roman?
Genç Kız : Otobüste okuyacağım. Yani vakit geçirmek için.
Hayri Bey: Şunlara ne dersiniz?
Genç Kız : Bilmem ki... Şey... Aşk romanı olsun.
Hayri Bey: Size güzel bir aşk romanı vereyim. Şu nasıl? Çalıkuşu. Reşat Nuri'nin en güzel romanı. Bizim zamanımızda her genç bu kitabı okurdu.
Genç Kız : Peki alıyorum.
Hayri Bey: Paket yapayım mı?
Genç Kız : Hayır, gerek yok. Teşekkür ederim.

Hayri Bey, kitapçıdır. Büyük ve güzel bir dükkânı var. Hayri Bey, her türlü kitap ve dergi satar. Onda, İngilizce, Fransızca, Almanca hatta Arapça ve Farsça gazete ve dergiler de bulunur. Bu yüzden onun dükkânına her türlü insan gelir.

Bizim sokakta Hayri Beyi tanımayan, sevmeyen yoktur. Küçük, büyük, yediden yetmişe herkes onu sayar ve sever. O, herkesle samimidir. Her zaman güler yüzlüdür. Resimde onu, gazete ve dergi bölümünde Lütfi Beyle beraber görüyorsunuz.

Lütfi Bey, Hayri Beyin seçtiği kitaba bakıyor ve onu almaya karar veriyor. Yolda bu kitabı ve yine Hayri Beyin seçtiği dergiyi okuyacak.

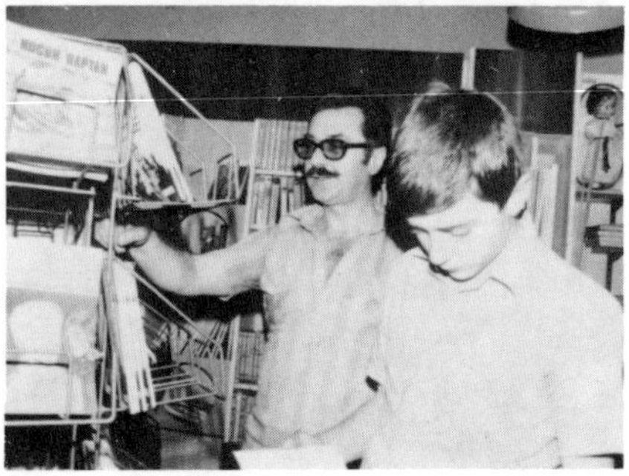

Bu delikanlı da Hayri Beyden spor dergisi istiyor. Hayri Bey, Lütfi Beyle meşgul olurken o da başka dergi ve kitaplara bakıyor.

BİLGİN İLE KAYIKÇI

Birgün mağrur bir gramer bilgini sahilde duran bir kayığa binip karşı sahile geçmek ister. Kıyıda müşteri bekleyen kayıkçılardan birine seslenir. Kayık yanaşır, bilgin de kayığa atlar. Kayıkla denizde giderken bilgin, kayıkçıya sorar:

—Sen hiç gramer okudun mu?
—Hayır, ben cahil bir kayıkçıyım.

—Vah! vah!çok üzüldüm. Demek yarı ömrün boşa gitmiş, diye acıyarak kayıkçıya bakar. Tam bu sırada bir fırtına kopar. Kayık denizin ortasında yalpalar yapar, kayıkçı bütün gücüyle tehlikeyi atlatmaya çalışır, fakat fırtına gittikçe şiddetlenir. Kayık batmak üzeredir. O zaman kayıkçı karşısında korkudan titreyen bilgine:

—Ey, her şeyi bilen dostum, yüzme bilir misin?
—Hayır.
—Vah! vah! sen bütün ömrünü boşa harcamışsın. Çünkü az sonra kayık batacak ve sen yüzme bilmediğin için hayatının tamamını kaybedeceksin.

1. Lütfen cevap veriniz.

1. Bilgin kayıkçıya ne soruyor?

....

2. Kayıkçının ömrünün yarısı niçin boşa geçmiş?

....

3. Bilgin fırtınadan niçin korkuyor?

Bitte nicht ausfüllen

....

4. Kayıkçı bilgine ne soruyor?

....

5. Bilgin niçin hayatını kaybediyor?

....

Dilbilgisi:

Ortaç: -an (-en)
-dık (-dik, -duk, -dük)
-acak (-ecek)

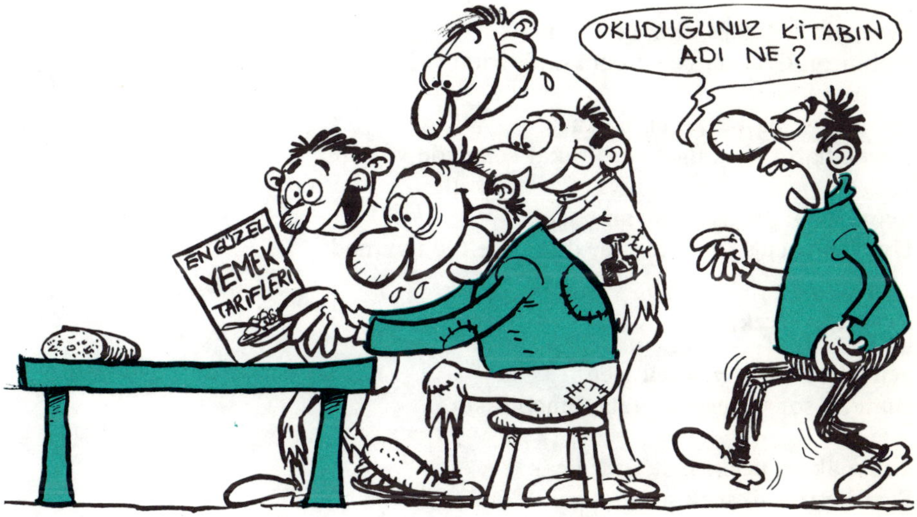

-dık (-dik, -duk, -dük)

okumak + kitap: oku**duğ**um kitap
Oku**duğ**um kitap çok güzel.

beklemek + tren: bekle**diğ**im tren
Sonunda bekle**diğ**im tren geldi.

görmek + adam: gör**düğ**ünüz adam
Dün gece karanlıkta gör**düğ**ünüz adam bu mu?

yazmak + mektup: yaz**dığ**ım mektup
Sana yaz**dığ**ım mektubu bugün postaya attım.

2. -an (-en)

gelmek + adam: gel**en** adam
Dün gece bize gel**en** adamı tanıyor musun?

okumak + kitap: okun**an** kitap
Robinson Crusoe, çok okun**an** bir kitaptır.

geçmek + hafta: geçen hafta
Geç**en** hafta sana uğradım, fakat sen evde yoktun.

uyumak + çocuk: uyuy**an** çocuk
Uyuy**an** çocuğu uyandırma, dün gece hiç uyumadı.

3. -acak (-ecek)

gelmek + tren: gel**ecek** tren
Bundan sonra gel**ecek** trene binebilirsin.

kalkmak + uçak: kalk**acak** uçak
Saat beşte kalk**acak** uçağa yetişebilirsin.

okumak + kitap: okun**acak** kitap
Bence okun**acak** en güzel kitap bu.

Atasözleri:

Bak**an** göze yasak olmaz.
Ak**an** su yosun tutmaz.
Ak**acak** kan damarda durmaz.
Kaç**an** balık büyük olur.
Ver**en** eli herkes öper.
İşley**en** demir pas tutmaz.
Sakınıl**an** göze çöp batar.
Uyuy**an** yılanın kuyruğuna basma.
Rüzgâr ek**er** fırtına biçer.
Kesil**en** baş yerine konmaz.
İyi ol**acak** hastanın hekim ayağına gelir.

Alıştırmalar:

1. Lütfen cevap veriniz.

1. Hayri Bey kaç yaşlarındadır? ....
2. Kitapçıya en çok kimler gider? ....
3. Gazete niçin geç geliyor? ....
4. Lütfi Bey niçin acele ediyor? ....
5. Genç kız hangi kitabı alıyor? ....

2. Lütfen cevap veriniz.

Geldiği zaman ne yaptı? — Yemek yedi.

1. Geldiğiniz zaman ne yaptınız? ....
2. Gördüğü zaman ne yaptı? ....
3. Okuduğunuz kitap nerede? ....
4. Sattığınız ev kaç odaydı? ....
5. Gittiğiniz üniversite nerede? ....
6. Aldığınız kalem kaç lira? ....

Bitte nicht ausfüllen

3. Lütfen olumsuz yapınız.

1. Haber verdiğim için geldi. Haber vermediğim için gelmedi.
2. Haber verdiğin için geldi. ....
3. Haber verdiği için geldi. ....
4. Haber verdiğimiz için geldi. ....
5. Haber verdiğiniz için geldi. ....
6. Haber verdikleri için geldi. ....

4. Lütfen soru cümlesine çeviriniz.

Geldiğini kimse duymadı. — Geldiğini kimse duymadı mı?

1. Onu tanıdığını biliyor. ....
2. Et aldığını söylemedi. ....
3. Evlendiğinizi öğrendi. ....
4. Tiyatroya gittiğini söyledi. ....
5. Onun güldüğünü görmüş. ....
6. Seni sevdiğini biliyorsun. ....

Bitte nicht ausfüllen

5. Lütfen cevap veriniz.

Ne zaman uyumuş? — Ne zaman uyu**duğ**unu bilmiyorum.

1. Ne zaman gelecek? ....
2. Ne zaman gitmiş? ....
3. Nerede kalacak? ....
4. Kaça almış? ....
5. Niçin gelmemiş? ....
6. Nerede oturacak? ....

6. Lütfen örnekteki gibi yapınız.

a- Onu gördüm. b- Ayşe ne söylüyor? c- Onu gördüğünü söylüyor.

a- Dün geldim.
b- Ayşe ne söylüyor?

c- ....

a- Sınavda on aldım.
b- Ayşe ne söylüyor?

Bitte nicht ausfüllen

c- ....

a- Dün sinemaya gittim.
b- Ayşe ne söylüyor?

c- ....

a- Sabah uyanamadılar.
b- Ayşe ne söylüyor?

c- ....

a- Kim geldi?
b- Ayşe ne soruyor?

Bitte nicht ausfüllen

— ....

7. Lütfen gereklik kipine çeviriniz.

> Sadece beğendiğiniz kitabı indirin.
> Sadece beğendiğiniz kitabı indir**meli**siniz.

1. Okuduğunuz kitapları yerine koyunuz. ....
2. Aldığınız mektuba cevap yazınız. ....
3. Gelen paketi postadan alınız. ....
4. Taşınacak bavulları hazırlayınız. ....
5. Temizlenecek çamaşırları veriniz. ....
6. Havalanacak uçağa yetişiniz. ....
7. Okunan kitabı getiriniz. ....
8. Yenecek meyveleri yıkayınız. ....
9. Pişen yemeğe tuz atınız. ....
10. Solan çiçeği vazodan çıkarınız. ....

Bitte nicht ausfüllen

8. Lütfen örnekteki gibi yapınız.

a. Ayşe dün hastalandı. b. Kimseye söylemedi. Ayşe dün hastalan**dığı**nı kimseye söylemedi.

a. Ahmet ile Nilgün dün İstanbul'a gittiler.
b. Kimse görmemiş.

....

a. Sizinle tanıştık.
b. Memnun oldum.

....

a. Siz güzel bir ev aldınız.
b. Çok memnun oldum.

....

Bitte nicht ausfüllen

9. Lütfen örnekteki gibi yapınız.

a. Tren saat 9.00'da kalkacak. b. Onunla İstanbul'a gidebilirsin. Saat 9.00'da kalk**acak** trenle İstanbul'a gidebilirsin.

a. Uçak saat 5.00'te havalanacak.
b. Acele yetişmelisin.

....

a. Kitaplar yarına kadar okunacak.
b. Yanına almalısın.

....

a. Kirli çamaşırlar yıkanacak.
b. Banyoya bırak.

....

a. Eski gazeteler atılacak.
b. Çöpçüye ver.

....

a. Mobilyalar eve taşınacak.
b. Kamyona yerleştirin.

....

10. Lütfen gereklik kipine çeviriniz.

> Dün sinemaya gidildi. — Dün sinemaya gidil**meli**ydi.

1. Dün okulun camı kırıldı. ....
2. Senin ev çok pahalı satıldı. ....
3. Bu gece erkenden yatıldı. ....
4. Ahmet de aramıza katıldı. ....
5. En iyi arabalar alındı. ....
6. Matematik kitabına başlandı. ....
7. Kaybolan bavul bulundu. ....

11. Lütfen edilgen cümleye çeviriniz.

> Paketi gönderdim. — Paket gönder**il**di.

1. Bugün çok konuştuk. ....
2. Yedi saat çalıştık. ....
3. İstanbul'da sarayları da gezdik. ....
4. Antalya'ya kadar gittiler. ....
5. Kahvaltıyı yaptınız mı? ....
6. Bugün gezmeye çıktık. ....

Bitte nicht ausfüllen

7. Bu resmi üç günde yaptık. ....
8. Dün hep birlikte pikniğe gittik. ....

12. Lütfen edilgen cümleye çeviriniz.

> Kitabı yazmaya başladı. — Kitap yazılmaya başla**n**dı.

1. Yemeği akşam otelde yedik. ....
2. Çalınan arabayı dün bulduk. ....

Bitte nicht ausfüllen

3. Paketi postaneden aldım. ....
4. Kapıyı üç kez çaldı. ....
5. Kitaplıktan iki kitap aldı. ....
6. Sorulardan yalnız birini bildi. ....

9 ÜNİVERSİTEDE HİPNOTİZMA

Prof. Dr. Ahmet Edip Uysal hipnotizmayla yakından ilgilenmektedir. Bu konuda sık sık konferanslar verir ve gösteriler yapar. Öğrenciler de onun bu konferans ve gösterilerini büyük bir ilgi ile izlerler. Üniversitede Prof. Dr. Ahmet Edip Uysal'ın yeni bir gösteri yapacağı duyulur. Hipnotizmayla ilgilenen bütün öğrenciler gösterinin yapıldığı salonu tıklım tıklım doldururlar. Prof. Dr. Ahmet Edip Uysal salona geldiği zaman karşısında büyük bir kalabalık bulur. Oturacak yer bulamayan öğrenciler gösteriyi ayakta izlemek istedikleri halde salonda yer kalmamıştır.

Prof. Ahmet Bey önce hipnotizma hakkında genel bir bilgi verir. Sonra öğrenciler arasından on gönüllü süje seçer. Süjeleri sahnede sandalyelere oturtur ve hepsine birden ona kadar numara verir. Telkin ile süjeleri uyutur. Deney başlamıştır. Salonda çıt çıkmaz. Herkes büyük bir merakla deneyi izler. Birinci süje üzerinde anestezi deneyi yapılır. Prof. Ahmet Bey, telkin ile süjenin acı duyma hissini yok eder. Süjenin eline iğne batırılır. Fakat süje hiçbir acı duymaz. Birkaç öğrenci süjenin eline batırılan iğneyi kontrol eder. Arkadaşlarına bilgi verir. İkinci süje üzerinde ekiminezi deneyi yapılır. Süje çocukluk çağına götürülür. Eline bir biberon verilir. Açlığı telkin edilir. Süje küçücük bir çocuk gibi biberondan süt içer. Kocaman bir insanın küçücük bir çocuk gibi süt içmesi öğrencileri çok güldürür. Üçüncü süjeye kollarının bisiklet pedalı olduğu telkin edilir. Süje kollarını bisiklet pedalı gibi döndürmeye başlar, Prof. Ahmet Bey "dur" deyinceye kadar süje bu harekete devam eder. Beşinci süje üzerinde oldukça ilginç bir deney yapılır. Prof. Ahmet Bey süjenin zihnindeki bazı bilgileri siler. Mesela süjeye üç sayısı unutturulur. Süjeden birden ona kadar sayması istenir. Süje üç rakamını kesinlikle hatırlayamaz. "Bir, iki... dört, beş..." diye sayar. Altıncı süjeye ayaklarının felç olduğu telkin edilir. Süje yerinden kalkmak ister, fakat ayaklarını kımıldatamaz. Yeni bir telkine kadar süje felçli olarak kalır. Sekizinci süjeye ormanda olduğu telkin edilir. Hipnotizma sırasında gözleri açılır. Süje karşısında bulunan seyircileri görmez. Kendisini ormanda sanır. "Nasıl bir yerdesin?" diye sorulduğunda güzel bir ormanı anlatır. Bu deneyden de hipnotizma sırasında gözlerin, sadece kendisine telkin edilen şeyleri görebildiği anlaşılır. Sıra dokuzuncu süjeye gelir. Bu sırada Prof. Ahmet Bey arkasından bir çığlık duyar. Süjelerden biri fenalık geçirmektedir. Uzun süre uykuda kalmak süjeleri yorar, beş numaralı süje fenalık geçirir. Prof. Ahmet Bey hemen süjeyi tedavi eder. Seyircilere salondaki aşırı kalabalığın içeride oksijen miktarını azalttığını ve bunun da süjeler üzerinde olumsuz etki yaptığını anlatır. Deneyleri daha sonra yeniden tekrarlayacağını söyleyerek gösteriye son verir. Öğrenciler Prof. Ahmet Beyi çılgınca alkışlarlar. Bazı öğrenciler hemen sahneye koşar ve uyanan arkadaşlarından hipnotizma sonucundaki izlenimlerini öğrenmek isterler. Fakat uykudan uyanan arkadaşları hiçbir şey hatırlamaz.

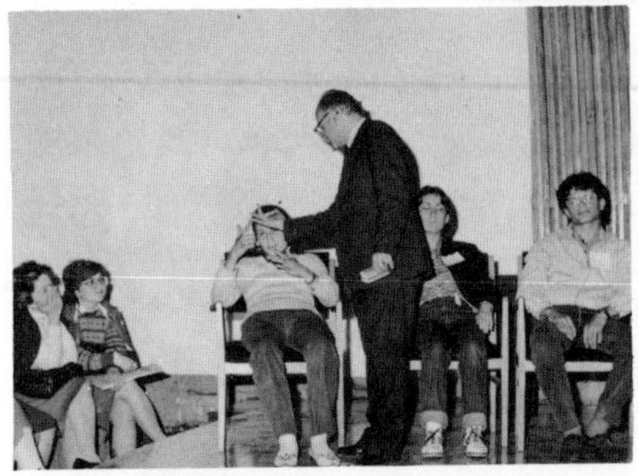

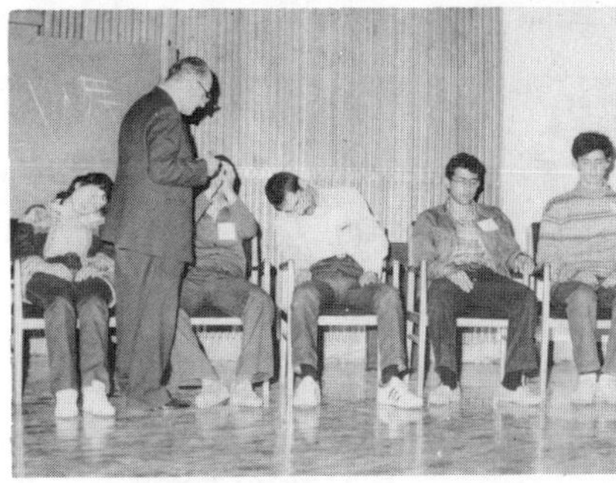

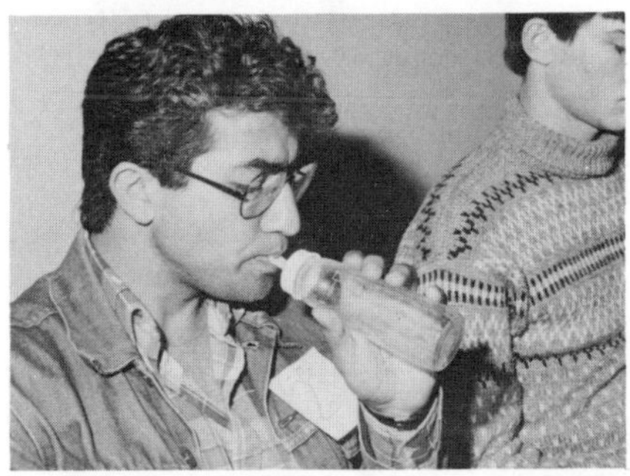

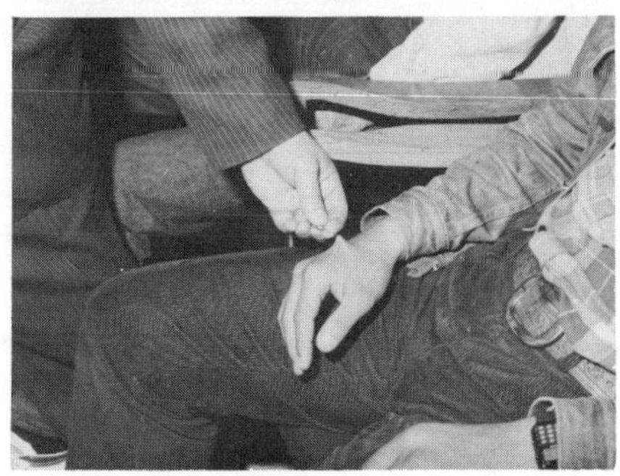

İSTANBUL TÜRKÜSÜ

İstanbul'da Boğaziçi'nde,
Bir fakir Orhan Veli'yim;
Veli'nin oğluyum,
Tarifsiz kederler içinde.
Rumelihisarı'na oturmuşum;
Oturmuş da bir türkü tutturmuşum.

"İstanbul'un mermer taşları;
Başıma da konuyor, konuyor aman, martı kuşları;
Gözlerimden boşanır hicran yaşları;
Edalım,
Senin yüzünden bu halim."

"İstanbul'un orta yeri sinema;
Garipliğim, mahzunluğum duyurmayın anama;
El konuşur, sevişirmiş; bana ne?
Sevdalım,
Boynuna vebâlim!"

İstanbul'da, Boğaziçi'ndeyim;
Bir garip Orhan Veli,
Veli'nin oğlu;
Tarifsiz kederler içindeyim.

Orhan Veli Kanık

BESBELLİ

Besbelli ölümüm sabahleyindir.
İlk ışık korkuyla girerken camdan,
Uzan, başucumda perdeyi indir,
Mum olduğu gibi kalsın akşamdan.

Sonra koş terlikle haber vermeye,
"Kiracım bu sabah can verdi" diye,
Üç beş kişi duysun ve Belediye
Beni kaldırmaya gelsin, odamdan,

Evden çıkar çıkmaz omuzda tabut,
Sen de eller gibi adımı unut,
Kapımı birkaç gün için açık tut,
Eşyam bakakalsın diye arkamdan.

Ahmet Kutsi Tecer

KIR ŞARKISI

Tam otların sarardığı zamanlar...
Yere yüzükoyun uzanıyorum.
Toprakta bir telâş, bir telâş...
Karıncalar öteden beri dostum.

Ellerime hanımböcekleri konuyor,
Ne şeker şey onlar!
Uç böcek, uç böcek! diyorum,
Uçuyorlar.

Pan'ın teneffüsü bile ılık
Ilık -okşamakta yüzü-
Devedikenleri, çalılık vesaire,
Bir âlem bu toprağın üstü.

Behçet Necatigil

Dilbilgisi:

1. -dığı zaman

a. Dün akşam odaya girdim.
b. Sen uyuyordun.
Dün akşam odaya gir**diğim zaman** sen uyuyordun.

a. Ders çalışıyor.
b. O zaman iyi not alıyor.
Ders çalış**tığı zaman** iyi not alıyor.

a. Her akşam ilacımı içiyorum.
b. Rahat uyuyorum.
Her akşam ilacımı iç**tiğim zaman** rahat uyuyorum.

2. -dığımda

a. Dün okula geldim.
b. Sen yoktun.
Dün okula gel**diğimde**, sen yoktun.

a. Ahmet Bey salona geldi.
b. İçerde büyük bir kalabalık vardı.
Ahmet Bey salona gel**diğinde**, içerde büyük bir kalabalık vardı.

a. Ahmet Bey deneye başladı.
b. Salonda çıt çıkmadı.
Ahmet Bey deneye başla**dığında**, salonda çıt çıkmadı.

3. -dığı için

a. Akşam eve geç gittim.
b. Annem kızdı.
Akşam eve geç git**tiğim için** annem kızdı.

a. Ders çalışmadı.
b. Kötü not aldı.
Ders çalışma**dığı için** kötü not aldı.

a. Bülent gelmedi.
b. Sinemaya gitmedim.
Bülent gelme**diği için** sinemaya gitmedim.

a. Gözüm ağrıyor.
b. Kitap okuyamıyorum.
Gözüm ağrı**dığı için** kitap okuyamıyorum.

Sıra sayı sıfatları: -ncı (-nci, -ıncı, -inci, -uncu, -üncü)

Ahmet, bu yıl bütün yarışlarda bir**inci** geldi.
Doğru gidiniz, sağdan üç**üncü** sokağa dönünüz.
Bahçelievler'de altı**ncı** caddede oturuyorum.
Cumhuriyetin elli**nci** yıldönümünü kutladık.

Rakamlardan sonra -ıncı eki yerine nokta konur.

Ahmet yarışta bir**inci** geldi = Ahmet yarışta 1. geldi.
Üç**üncü** sokağa dönünüz = 3.sokağa dönünüz.
Altı**ncı** caddede oturuyorum = 6. caddede oturuyorum.
Cumhuriyetin elli**nci** yılı = Cumhuriyetin 50. yılı.

—Sorular kitabın kaç**ıncı** sayfasında?
— Elli beş**inci** sayfasında.

— Bu yıl kaç**ıncı** sınıfa gidiyorsun?
— İki**nci** sınıfa gidiyorum.

Alıştırmalar:

1. Lütfen cevap veriniz.

1. Prof. Dr. Ahmet Edip Uysal ne yapmaktadır?
2. Öğrenciler bu gösterilere niçin büyük ilgi gösteriyor?
3. Süjeler üzerinde hangi deneyler yapılır?
4. Sizce hipnotizmada en ilginç deney hangisidir?
5. Süjeler uyandıktan sonra ne yaparlar?
6. Siz de hipnotizmayı öğrenmek ister miydiniz?
7. Süje olmak ister misiniz?

2. Gerekli yerlere -ncı, -nci, -ıncı, -inci, -uncu, -üncü eklerini koyunuz.

Türkiye güzeli, Akdeniz güzellik yarışmasında bir........ oldu.
Türkiye güzeli, Akdeniz güzellik yarışmasında bir**inci** oldu.

1. Amerikalı atletler yarışlarda bir........, iki........ ve dört........ gelerek bir altın, bir gümüş madalya aldılar.
2. Ahmet Bey önce yedi........, sekiz........ ve dokuz........ sırada oturan süjeleri uyandırdı. Altı......... sırada oturan süje, birden fenalık geçirdi.
3. Atatürk'ün yüz .... doğum yıldönümü yurdun her tarafında törenlerle kutlandı.
4. Ahmet Bey, Bahçelievler beş....... caddede oturuyor.

3. Lütfen örnekteki gibi yapınız.

> a. Param yoktu.
> b. Sinemaya gidemedim.
> Param olmadığı için sinemaya gidemedim.

a. Zamanım yoktu.
b. İzmir'de fazla kalamadım.

Bitte nicht ausfüllen

....

a. Salon çok kalabalıktı.
b. Süje fenalık geçirdi.

....

a. Bana misafir geldi.
b. Dün Emine Hanımlara gidemedim.

....

Bitte nicht ausfüllen

4. Lütfen örnekteki gibi yapınız.

> Dün akşam eve gel**diğim zaman** hiç uykum yoktu.
> Dün akşam eve gel**diğimde** hiç uykum yoktu.

1. Sana parayı ver**diğim zaman** niçin saymadın?

....

2. Geçen yıl denize git**tiğin zaman** şişman değildin.

....

3. Ahmet Bey, süjeleri uyut**tuğu zaman** herkes dikkatle onu izledi.

....

4. Işığı yak**tığı zaman** odada yabancı bir adam gördü.

....

5. Lütfen olumsuz yapınız.

Bana sıcaktan rahatsız olduğunu söyledi. Bana sıcaktan rahatsız olduğunu söylemedi.

1. Sana bugün İstanbul'a gideceğini söyledi.

....

2. Ahmet Bey öğrencileri uyutacağını haber verdi.

....

3. Televizyondaki hava raporunda hafta sonunun yağışlı olacağı söylendi.

....

4. Doktor, Erksin Hanıma bütün dişlerinin çekileceğini bildirdi.

....

6. Lütfen örnekteki gibi yapınız.

> a. Adam bize doğru geliyor.
> b. Tanıyor musun?
> Bize doğru gel**en** adamı tanıyor musun?

a. Adam karşıdaki masada yemek yiyor.
b. Görüyor musun?
....

a. Öndeki araba hızlı gidiyor.
b. Yetişebilir misin?
....

a. Çocuk bütün sorulara cevap veriyor.
b. Benim kardeşimdir.
....

a. Bayan aynanın karşısında saçlarını tarıyor.
b. Benim eşimdir.
....

a. Spiker her akşam televizyonda haberleri okuyor.
b. Trafik kazası geçirmiş.
....

7. Lütfen cevap veriniz.

> Nereye gittiğini söylemiş mi? — Evet, söylemiş.

1. Nasıl gittiğini söylemiş mi?	Evet,..
2. Niçin öğrendiğini söylemiş mi?	Hayır,......................................
3. Kimle kaldığını söylemiş mi?	Evet,..
4. Kimle konuştuğunu söylemiş mi?	Evet,..
5. Neye baktığını söylemiş mi?	Hayır,......................................
6. Kime verdiğini söylemiş mi?	Hayır,......................................

10 MEMUR HAYATI

Berna Hanım: Bu hafta sonu ne yapıyoruz?

Lütfi Bey : Bu hafta maalesef çalışmak zorundayım. Elimde önemli bir dosya var. Genel müdür, pazartesiye kadar sonuçlandırmamı istedi.

Berna Hanım: Yani bu hafta yine yalnızım, yine evdeyim.

Lütfi Bey : Sabret sevgilim, gelecek hafta sonu bir yere gideriz.

Berna Hanım: Ne demek gelecek hafta? Düşün bir kere, her gün saat 6.00'da kalkınca kahvaltıyı hazırlamak için mutfağa koşuyorum. Sen tıraş olmak için banyoya gidiyorsun. Birkaç dakika içinde bir şeyler yiyoruz. İşe gitmek için giyinip sokağa fırlıyoruz. Sonra akşama kadar birbirimizi görmüyoruz. Akşam eve gelince temizlik, yemek, bulaşık derken yorgun, bitkin düşüyorum. Doğru dürüst televizyon bile seyredemiyorum. Sinemaya gidince, en güzel filmlerde yorgunluktan uyuyorum.

Lütfi Bey : Ne desen haklısın. Ama söz veriyorum, gelecek hafta seni İstanbul'a götüreceğim.

Berna Hanım: Götüreceğim, götüreceksin, götürecek, götüreceğiz, götüreceksiniz, götürecekler.

Lütfi Bey : Gelecek hafta genel müdür yine bir iş çıkarırsa, "Eh, yeter artık" diyeceğim.

Berna Hanım: Diyeceğim, diyeceksin, diyecek, diyeceğiz, diyeceksiniz, diyecekler.

Lütfi Bey : Dalga geçme. Göreceksin bu sefer dediğimi yapacağım. 19 Mayıs Gençlik ve Spor Bayramı hangi güne geliyor, takvime baktın mı?

Berna Hanım: Vaktim olmadı ki bakayım.

Lütfi Bey : Ben baktım. Pazartesi gününe geliyor. Yani pazartesi tatil. Cuma günü de izin alınca, dört gün tatil yaparız. Uçakla gider geliriz. Dört gün İstanbul'da şöyle istediğimiz gibi yaşarız.

Berna Hanım: Ben izin alamam.

Lütfi Bey : Alırsın, alırsın.

Berna Hanım: Alsam bile, cuma günü bir yere gidemem.

Lütfi Bey : O neden?

Berna Hanım: Gelecek hafta cuma günü Bursa'dan annem gelecek, unuttun mu?

Lütfi Bey : Daha iyi ya, çocuklara annen göz kulak olur, biz ikimiz gideriz.

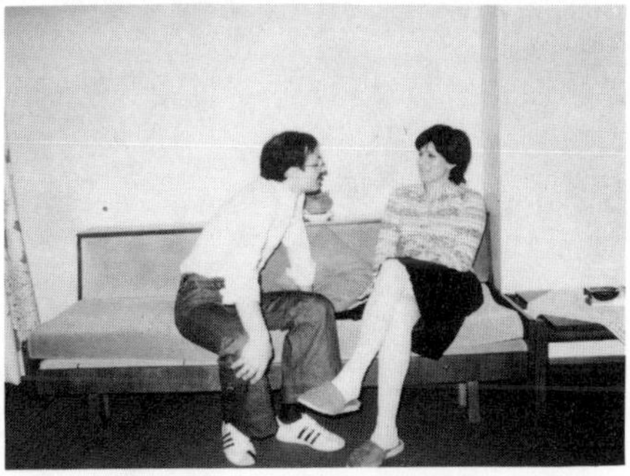

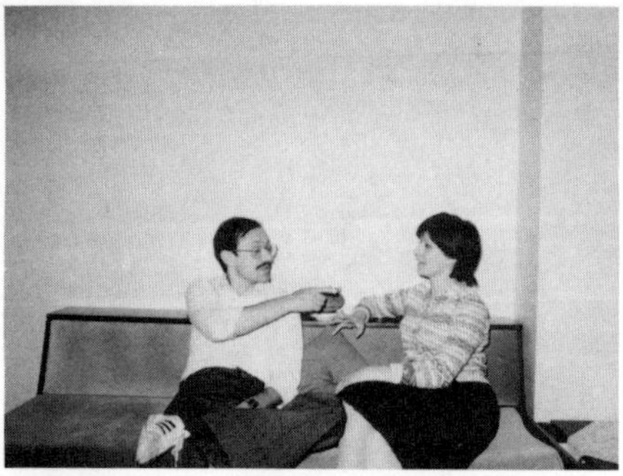

Lütfi Bey ve eşi Berna Hanım bu akşam heyecanlı heyecanlı konuşuyorlar. Daha doğrusu tartışıyorlar. Lütfi Bey de, eşi Berna Hanım da memurdur. Lütfi Bey, işi çok olduğu için cumartesi ve pazar günleri de çalışmak zorundadır.

Berna Hanım, hafta sonunda piknik yapmak istiyor. Yiyecek bir şeyler hazırlar, arabanın arkasına yerleştirir. "Hep beraber kıra gideriz" diye düşünüyor.

Berna Hanımla Lütfi Beyin iki çocukları var. İkisi de oğlan. Biri dokuz yaşında, öbürü beş yaşında. Berna Hanım kocasıyla konuşurken çocuklar odalarında satranç oynuyorlar.

Berna Hanımın ev işleri de çok. Yemek pişirmek, bulaşık yıkamak, temizlik yapmak, çamaşır yıkamak hep onun işi. Kocası işten gelince ya çocuklarıyla oynar ya da televizyon seyreder. Ama Berna Hanım o kadar yorgundur ki, televizyon bile seyredemez.

NASRETTİN HOCA'NIN PALTOSU

Bir sabah Nasrettin Hoca evinden çıkınca komşusuna rastlar:

Komşu : Hoca, merak ettim, bu sabah sizde heyecanlı bir münakaşa duydum. Sonra arkasından büyük bir gürültü duyuldu. Acaba o gürültü neydi?

Nasrettin Hoca: Hiçbir şey değildi. Bizim hanımla biraz münakaşa ettik. Sonra paltom merdivenden aşağı yuvarlandı.

Komşu : Aman Hocam, hiç palto o kadar gürültü çıkarır mı?

Nasrettin Hoca: Niçin çıkarmasın?

Komşu : Çünkü paltonun o kadar ağırlığı yok ki!.. Ben büyük bir gürültü duydum.

Nasrettin Hoca: Canım, paltonun içinde ben de vardım…

Lütfen cevap veriniz.

1. Bir sabah Hoca ne yapıyormuş?

....

2. Hoca evinden çıkarken kime rastlamış?

....

3. Komşu neyi merak etmiş?

....

4. Gürültü niçin olmuş?

Bitte nicht ausfüllen

....

5. Karısı Hoca'ya ne yapmış?

....

6. Paltonun içinde ne varmış?

....

Dilbilgisi:

Ulaç: -ınca, -ince

a. Adam bayılacak.
b. Hemen cüzdanını al.

Adam bayıl**ınca** hemen cüzdanını al.

a. Ahmet dün Türkçe sınavında kırık not aldı.
b. O zaman çok üzüldü.

Ahmet dün Türkçe sınavında kırık not al**ınca** çok üzüldü.

a. Kızılay durağında otobüs durdu.
b. O zaman Ayşe indi.

Kızılay durağında otobüs dur**unca** Ayşe indi.

a. 1919 yılında Atatürk Samsun'a gitti.
b. O zaman Kurtuluş Savaşı başladı.

1919 yılında Atatürk Samsun'a gid**ince** Kurtuluş Savaşı başladı.

a. Siz geçen hafta sinemaya gelmediniz.
b. O zaman yalnız gittim.

Siz geçen hafta sinemaya gelmey**ince** yalnız gittim.

a. Üç aydan beri babamdan haber alamadım.
b. O zaman çok üzüldüm.

Üç aydan beri babamdan haber alamay**ınca** çok üzüldüm.

a. Bir saat sonra edebiyat öğretmeni gelecek.
b. O zaman bana haber ver.

Bir saat sonra edebiyat öğretmeni gel**ince** bana haber ver.

1. Lütfen cevap veriniz

1. Lütfi Bey hafta sonu ne yapıyor?
2. Berna Hanım neden şikâyet ediyor?
3. Lütfi Bey neden tatile çıkamıyor?
4. Lütfi Bey ne zaman izin almayı düşünüyor?
5. Berna Hanım aynı tarihte izin alabiliyor mu?
6. Tatile nasıl çıkmayı düşünüyorlar?

2. Lütfen örnekteki gibi yapınız.

> Berna Hanım saat 6.00'da kalkınca mutfağa koşuyor.
> Berna Hanım saat 6.00'da kalktığı zaman mutfağa koşuyor.

1. Berna Hanım sinemaya gidince yorgunluktan uyuyor.

   ....

2. Lütfi Bey izin alınca Berna Hanımı İstanbul'a götürecek.

   ....

3. Berna Hanım işten dönünce evi temizliyor.

   ....

4. Tatile çıkınca dilediğimiz gibi yaşarız.

   Bitte nicht ausfüllen

   ....

5. Biz gidince çocuklara annem bakar.

   ....

3. Lütfen örnekteki gibi yapınız.

a. Beni yolda gördü. b. "Seni buraya hangi rüzgâr attı?" dedi. Beni yolda görünce "Seni buraya hangi rüzgâr attı?" dedi.

a. Berna Hanım yoruldu.
b. Koltukta uyudu.

....

a. Çocuklar okuldan eve geldi.
b. Satranç oynadı.

....

a. Lütfi bey izin alacak.
b. Berna Hanımla tatile çıkacak.

....

a. Nasrettin Hoca merdivenlerden düştü.
b. Aşağı yuvarlandı.

....

4. Lütfen örnekteki gibi yapınız.

> Eve dön**ünce** haber ver.
> Eve dön**düğün zaman** bana haber ver.

1. Kitabı bitirince bana da anlat. ....
2. Okula gidince öğretmeni gör. ....
3. Haber alınca telefon et. ....
4. Yeşil yanınca geç. ....
5. Zil çalınca bahçeye gel. ....
6. Söz verince tut. ....

Bitte nicht ausfüllen

5. Boş yerlere -çe ve -ince eklerini yazınız.

1. Kurtuluş Savaşı başla .... babam da asker oldu.
2. Ona her şeyi açık .... söyle.
3. Ortadoğu'da savaş gittik .... şiddetleniyor.
4. Geri dön .... Ayşe'yle karşılaştım.
5. Etrafı iyi görebilmek için yüksek .... bir yere çıktı.
6. Sınav saati yaklaştık ..... sınıfta heyecan arttı.
7. Gül....... çocuk gibi oluyor.

6. Lütfen belirli geçmiş zamana çeviriniz.

1. İzin alınca tatile çıkıyorum. İzin alınca tatile çıktım.
2. Ahmet gelince okula gidiyorum. ....
3. Soru sorulunca cevap veririz. ....
4. Sabah olunca yola çıkarız. ....
5. Güneş doğunca her yer aydınlanır. ....
6. Sen haklı çıkınca, o susar. ....

Bitte nicht ausfüllen

7. Lütfen cevap veriniz.

1. Dışarı çıkınca ekmek alır mısın? Dışarı çıkarsam alırım.
2. İşin bitince kalemi verir misin? ....
3. Mektup gelince haber verir misin? ....
4. Otobüs durunca inecek misin? ....
5. Eve gidince ne yapacaksın? ....
6. Paran olunca araba alacak mısın? ....
7. Kitabı okuyunca bana verir misin? ....

8. Lütfen cevap veriniz.

Ne yapmanı söyledi? — Telefon etmemi söyledi.

1. Ne yapmanı istedi? ....
2. Ne yapmanı söyledi? ....
3. Ne yapmamızı istedi? ....
4. Ne yapmalarını istedi? ....
5. Ne yapmanızı söyledi? ....
6. Ne yapmamı istedi? ....

9. Lütfen olumsuz yapınız.

1. Aldığım saat bozuk. ....
2. İçtiğim su soğuk. ....
3. Aradığınız kitap bu. ....
4. Verdiğiniz cevaplar güzel. ....
5. Kaldığımız ev büyük. ....
6. Bu yıl havalar yağışlı. ....

10. Lütfen cevap veriniz.

Konuştuğunuz adam kimdi? — Süleyman Beydi.

1. Yardım ettiğin adam kimdi? ....
2. Selam verdiğin adam kindi? ....
3. Aradığın bayan kimdi? ....
4. Beklediğin kız kimdi? ....
5. Konuştuğun öğrenci kimdi? ....
6. Sorduğun adam kimdi? ....

11. Lütfen olumsuz yapınız.

1. Verdiğim ilacı içmiş. Verdiğim ilacı içmemiş.
2. Verdiğin ilacı içmiş. ....
3. Verdiği ilacı içmiş. ....
4. Verdiğimiz ilacı içmiş. ....
5. Verdiğiniz ilacı içmiş. ....
6. Verdikleri ilacı içmiş. ....

12. Lütfen şart kipine çeviriniz.

> Gelirsin diye bekledim. — Geleceksen beklerim.

1. Telefon edersin diye bekledim. ....
2. Haber verirsin diye bekledim. ....
3. Çıkmak istersin diye bekledim. ....
4. Gelmek istersin diye bekledim. ....
5. Okumak istersin diye bekledim. ....
6. Görmek istersin diye bekledim. ....

13. Örnekteki gibi yapınız.

> Öğretmen gel .... öğrenciler ayağa kalktılar.
> Öğretmen gel**ince** öğrenciler ayağa kalktılar.

1. Yüksel'i gör .... yanına gittim. ....
2. Treni kaçır .... otobüse bindim. ....
3. Zil çal .... bahçeye çıkacağız. ....
4. Ders çalış .... iyi not alıyorsun. ....
5. Ders çalışma .... kötü not alıyorsun. ....
6. Dersini anlama .... öğretmene sor. ....
7. Param gelme .... borç alırım. ....
8. Ayşe'yi gör........ çok sevindim. ....

Bitte nicht ausfüllen

14. Lütfen olumsuz yapınız.

> Söz verdiy**se** gelir. — Söz ver**me**diyse gelmez.

1. Söz verirsem gelirim. ....
2. Söz verirsek yaparız. ....
3. Söz verirlerse yaparlar. ....
4. Berna gelirse bana uğrar. ....
5. Annem giderse mektup yazar. ....
6. Parası olursa verir. ....

11 BERNA HANIM TİYATROYA GİDİYOR

Berna Hanım: Bir de hanımlar geç hazırlanır, dersiniz. Hadi çabuk ol. Tiyatro saat dokuzda başlıyor. Saat sekiz buçuk oldu, sen hâlâ hazır değilsin.

Lütfi Bey : Ne yapayım, işten ancak dönebildim. Toplantımız vardı. Hem tiyatro nerden çıktı, sinemaya gitmiyor muyuz?

Berna Hanım: Hayır. Sinema için bilet bulamadım. Ben de tiyatroya aldım. Rica ederim biraz çabuk ol. On beş dakika sonra orada olmalıyız.

Lütfi Bey : Korkma canım, otomobil aşağıda hazır, on dakikada gideriz.

Berna Hanım: Çizgili gömleğini giy. Kırmızılı mavili kravatını tak.

Lütfi Bey : Ama ben o gömleği beğenmiyorum. Bu beyaz gömleği giyeceğim. Kravatım nerede? Kravatımı bulamıyorum. Telefon çalıyor. Telefona bakayım.

Berna Hanım: Dolaba baktın mı? İşte gözünün önünde duruyor. Hadi canım.. Biraz çabuk olmalısın.

Lütfi Bey Telaştan ne yaptığımı bilmiyorum ki... Telefon çalıyor.

Berna Hanım: Ben bakarım, sen çabuk giyin. Alo, evet, benim... Aaa! Merhaba şekerim... bize mi gelmek istiyorsunuz? Affedersin, tiyatro için bilet aldım. Şimdi çıkıyoruz. Yeni Sahne'ye. Ne mi oynuyor? Nasıl bilmezsin? "Yedi Kocalı Hürmüz" bir aydır oynuyor. Teşekkür ederim. Çocuklar mı? Onlar annemle kalacaklar. Yarın görüşürüz. Güle güle canım...

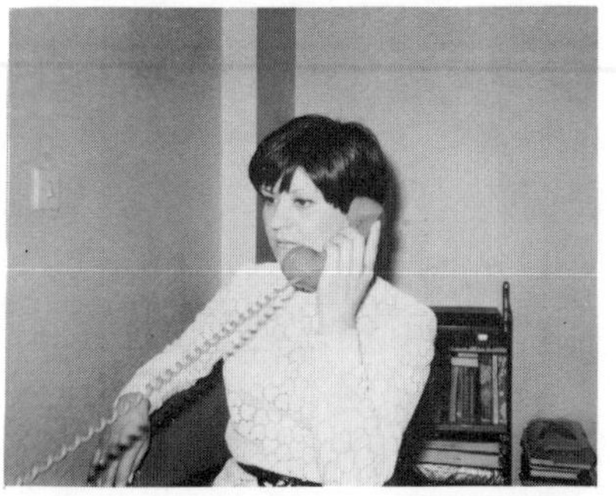

Lütfi Bey : Kimle konuştun?

Berna Hanım: Nilgün Hanımla. Bize gelmek istiyordu. Tiyatroya gidiyoruz dedim. Yarın akşam gelecek. Sen hâlâ hazır değil misin?

Lütfi Bey : Hazır sayılırım. Ayakkabımı giydim mi tamam. İşte şimdi de kapı çalınıyor.

Berna Hanım: Kapıya yakınsın, sen bak.

Lütfi Bey : Buyurun Polis Bey, bir şey mi var?

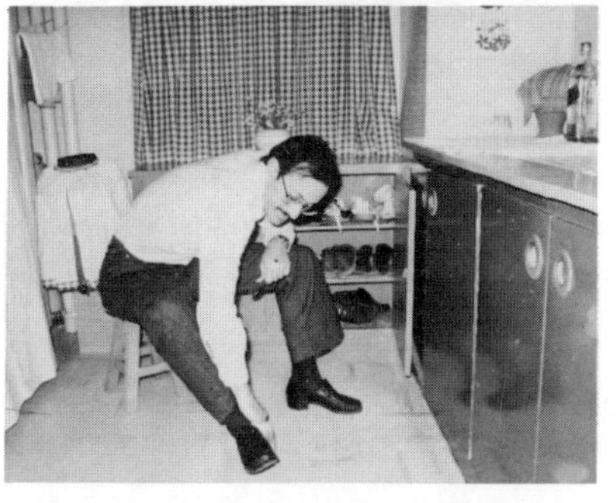

Polis : Özür dilerim, rahatsız ettim. Kapının önündeki yeşil araba sizin mi?

Lütfi Bey . Evet! Bir şey mi oldu?

Polis : Bir kaza olmuş. Arabanıza çarpmışlar. Arabanızın arka tarafı tamamen ezilmiş.

Berna Hanım: Eyvah! Tiyatro suya düştü!

Lütfi Bey, bugün de işinden geç döndü. Karısı biraz acele etmesini istiyor çünkü tiyatroya gidecekler. Lütfi Bey beyaz gömleğini giydi. Şimdi de elbisesini giyecek. Dolabı açıyor, birçok elbise var. ''Hangisini giysem acaba? En iyisi şu koyu renkli elbise'' diye düşünüyor.

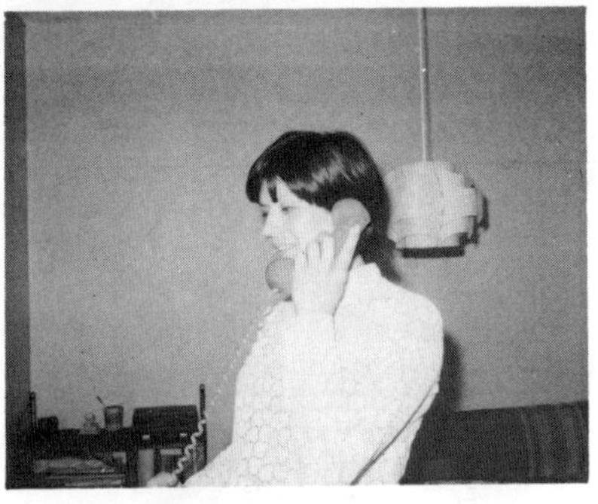

Bu sırada telefon çalıyor. Telefonda Berna Hanımın yakın arkadaşı Nilgün Hanım var. ''Bu akşam size gelebilir miyim?'' diye soruyor. Berna Hanım, ''Tabiî, buyurun, memnun oluruz'' diyemiyor. Bu yüzden çok üzülüyor.

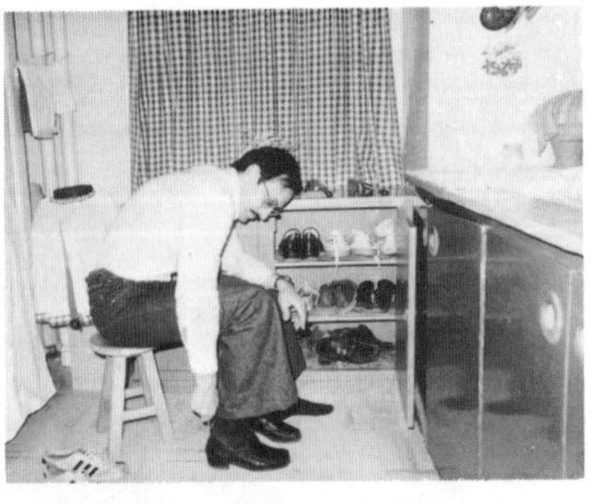

Her zaman Berna Hanım geç hazırlanır. Ama bu sefer geç hazırlanan Lütfi Bey. Eşi sabırsız. Tiyatro başlayacak, diye korkuyor. İkide bir kocasına ''Çabuk ol! Çabuk ol!'' diyor. Lütfi Bey ayakkabısını giyecek, kravatını bağlayacak sonra ceketini giyecek. İşte o zaman çıkabilirler.

Lütfi Beyin arabasına çarpıyorlar. Arabanın arkası tamamen eziliyor. Öbür arabanın da ön tarafı eziliyor. Ama Berna Hanım arabaya değil, ''tiyatro suya düştü'' diye üzülüyor.

BUGÜN NEREYE GİDELİM?

Esen Hanım : Bugün tiyatroya gidelim mi?

Erksin Hanım: Devlet Tiyatrolarında ne oynuyor? İsterseniz şöyle bir bakalım.

Cengiz Bey : Haydi yürüyün! Bugün çok yorulduk. Hiçbir yere gidemeyiz.

Esin Hanım : Yeni Sahne'de "Mine", Altındağ tiyatrosunda da "Karacaoğlan" oynuyor.

Erksin Hanım: Ben "Mine"yi gördüm. Necati Cumalı yazmış. Ama pek iyi değil.

Esen Hanım : Dinçer Sümer'in yazdığı "Karacaoğlan" oldukça iyiymiş.

Cengiz Bey : Mutlaka bir yere gideceksek sinemaya gidelim. Bugünlerde pek iyi tiyatro oyunu yok.

Erksin Hanım: Öyle deme Cengiz, Büyük Tiyatro'da çok güzel oyunlar var. Orhan Asena'nın yazdığı "Hurrem Sultan" çok güzelmiş. Ayrıca Büyük Tiyatro'da bir oyun daha var. Neydi adı, evet hatırladım. "Beşinci Frank".

Esen Hanım : Kim yazmış.

Erksin Hanım: Yazar, Friedrich Dürrenmatt. Çok güzel bir oyunmuş.

Cengiz Bey : Ben onu da gördüm. Pek o kadar da güzel değil. Biraz fazla abartmışlar.

Erksin Hanım: Galiba sen bütün oyunları gördüğün için tiyatroya gitmek istemiyorsun.

Cengiz Bey : Doğrusunu istersen öyle. Bütün oyunları görmedim. Ama iyi olanlarını gördüm.

Erksin Hanım: Biz de her gün televizyonda film seyrediyoruz. Sinemayı unuttuk bile.

Cengiz Bey : Ama Akün Sineması'nda çok güzel bir film var.

Esen Hanım : Şimdi burada ayak üstü karar veremeyeceğiz. Eve gidelim. Gazetelere bakar, bir karara varırız.

Dilbilgisi:

Dönüşlü eylem: -n- (-ın-, -in-, -un-, -ün-)
-la- (le)

Dönüşlü eylemlerde özne işi yapar ve bu işten kendisi etkilenir.

Lütfi Bey banyoda yıka**n**dı, güzelce sabunla**n**dı, neşeli şarkılar mırılda**n**dı. Bornozunu giyerek kurula**n**dı. Bir eli ile pantolonunu giy**in**di. bir eli ile tıraş oldu. Aynanın karşısında tara**n**dı.

İsimlerden **-la-** **(-le-)** ekiyle eylem yapılır ve bunlara **-n-** dönüşlük eki gelir.

yaş	: yaş-la-**n**-mak	Erol Bey çok yaşla**n**dı.
can	: can-la-**n**-mak	Suyu içince birden canla**n**dı.
akıl	: akıl-la-**n**-mak	Ali okula gidince akılla**n**dı.
keder	: keder-le-**n**-mek	Kötü haberi duyunca kederle**n**di.
ev	: ev-le-**n**-mek	Lütfi Bey çok geç evle**n**di.

Edilgen eylem ile dönüşlü eylem aynı ekten yapıldığı için bazen anlamı karışır.

Edilgen	**Dönüşlük**
Kirli araba yıka**n**dı.	Lütfi Bey yıka**n**dı.
Salon çiçeklerle süsle**n**di.	Berna Hanım süsle**n**di.
Bozuk yol trafiğe kapa**n**dı.	Ali günlerdir eve kapa**n**dı.
Bardaklar iyice sabunla**n**dı.	Lütfi Bey sabunla**n**dı.
Tabaklar iyice kurula**n**dı.	Lütfi Bey kurula**n**dı.
Güzel bir sofra hazırla**n**dı.	Berna Hanım hazırla**n**dı.

Kendi dönüşlük zamiri cümleye dönüşlük anlamı verir.

Lütfi Bey **kendini** yıkadı.	Lütfi Bey yıka**n**dı.
Berna Hanım **kendini** süsledi.	Berna Hanım süsle**n**di.
Ali **kendini** eve kapadı.	Ali eve kapa**n**dı.
Lütfi Bey **kendini** sabunladı.	Lütfi Bey sabunla**n**dı.
Lütfi Bey **kendini** kuruladı.	Lütfi Bey kurula**n**dı.
Berna Hanım **kendini** hazırladı.	Berna Hanım hazırla**n**dı.

Alıştırmalar:

1. Lütfen cevap veriniz.

1. Tiyatro saat kaçta başlıyor? ....
2. Lütfi Bey niçin geç hazırlanıyor? ....
3. Berna Hanım niçin sinemaya gitmiyor? ....
4. Berna Hanım telefonda ne konuşuyor? ....
5. Polis eve niçin geliyor? ....
6. Berna Hanım neye üzülüyor? ....

2. Lütfen dönüşlü eyleme çeviriniz.

Avcı **kendini** ağacın ardına gizledi. — Avcı ağacın ardına gizle**n**di.

1. Sporcu kendini iyi besledi. ....
2. Gençler kendini süsledi. ....
3. Nilgün kendini sınava hazırladı. ....
4. Deniz kendini soğuktan korudu. ....
5. Sabaha kadar kendini kaşıdı. ....
6. Yüzdükten sonra kendini kuruladı. ....
7. Hatasını anlayınca kendini dövdü. ....
8. Kendi kendini yay gibi gerdi. ....
9. Elbiseyi kendi kendine giydi. ....
10. Kendi kendini boş yere salladı. ....

Bitte nicht ausfüllen

3. Lütfen dönüşlü eyleme çeviriniz.

Berna Hanım küpelerini taktı. — Berna Hanım küpelerini takındı.

1. Nermin kolyesini taktı. ....
2. Erdal ceplerini aradı. ....
3. Lütfi Bey gömleğini giydi. ....
4. Nilgün Hanım etrafa baktı. ....
5. Berna Hanım ruj sürdü. ....
6. Berna Hanım kendini hazırladı. ....

4. Lütfen edilgen eyleme çeviriniz.

Tiyatroya on dakikada gittik. — Tiyatroya on dakikada gidildi.

1. Tiyatro için bilet aldık. ....
2. Kravatı dolapta buldum. ....
3. Polis kapıyı çaldı. ....
4. Kamyon arabaya çarptı. ....
5. Kamyon arabayı ezdi. ....
6. Nilgün Hanımla konuştuk. ....

5. Lütfen olumsuz yapınız.

Berna Hanım geç hazırlandı. — Berna Hanım geç hazırlanmadı.

1. Lütfi Bey çizgili gömleğini giyindi. ....
2. Kırmızı mavili kravatını takındı. ....
3. Lütfi Bey çok telaşlandı. ....
4. Berna Hanım dolaba bakındı. ....
5. Berna Hanım yorgunluktan yakındı. ....

Bitte nicht ausfüllen

Bakınız ve anlatınız.

9. Lütfen örnekteki gibi yapınız.

a. Karıcığım ben yoktum. b. Ne yaptın? Karıcığım ben yokken ne yaptın?

a. Biz tiyatrodaydık.
b. Siz evde ne yaptınız?

....

a. Berna Hanım tarandı.
b. Lütfi Bey ne yaptı?

....

a. Berna Hanım telefonla konuştu.
b. Lütfi Bey ne yaptı?

....

a. Lütfi Bey ayakkabılarını giyindi.
b. Berna Hanım ruj süründü.

....

a. Lütfi Bey tıraş oldu.
b. Berna Hanım elbisesini giyindi.

....

BEN SPORU ÇOK SEVERİM
YAZ, KIŞ....
..UYURKEN..
UYANINCA, HEP SPOR YAPARIM
OKULDA EN ÇOK SPOR DERSİNİ SEVERİM...
ZZZZ
BU YÜZDEN DE HERGÜN OKULDAN EVE KOŞARAK DÖNERİM..

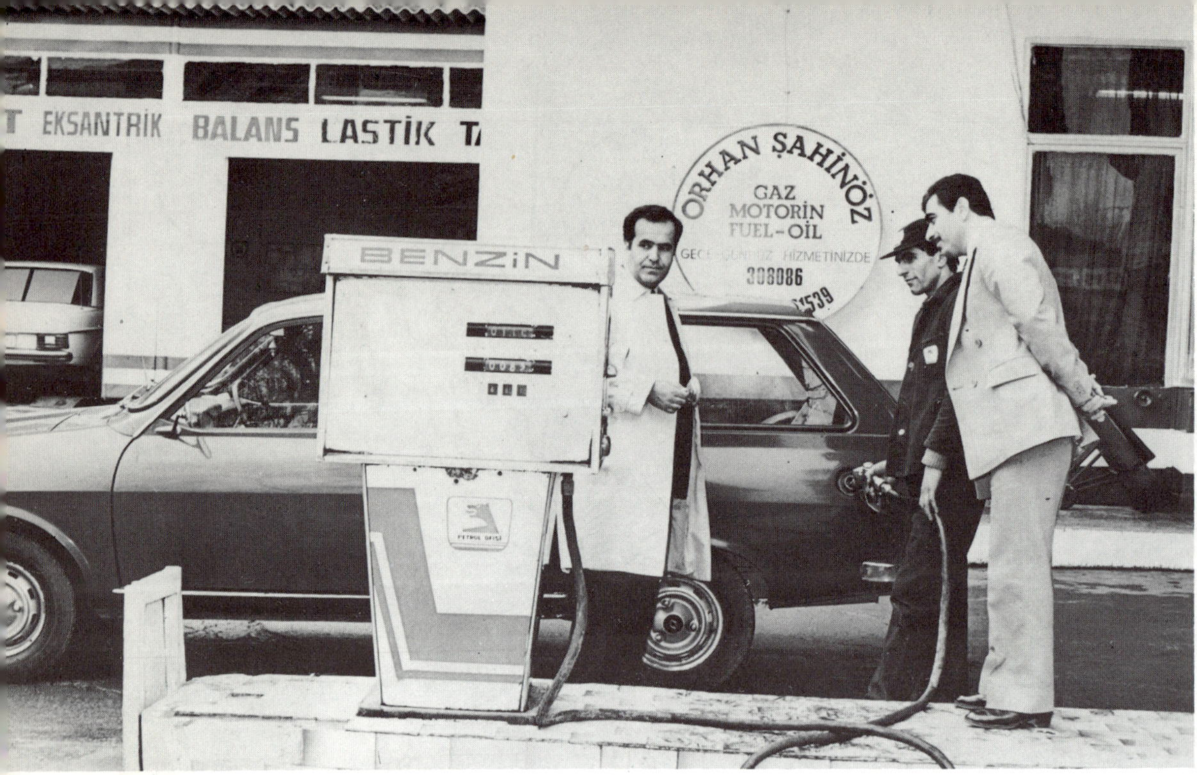

12

BENZİNCİDE

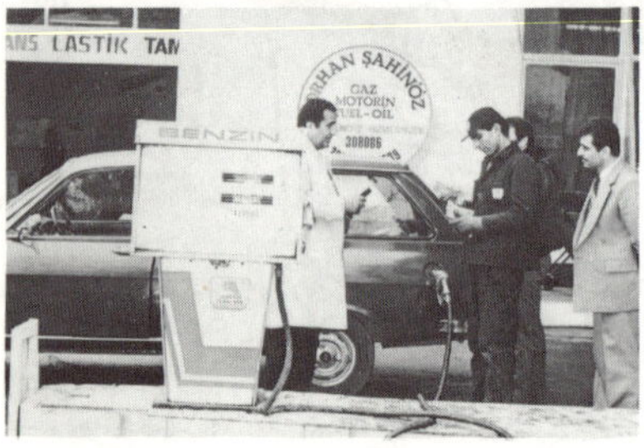

Benzinci : Benzin ne kadar olsun?
Hamza Bey: Depoyu doldurun.
Benzinci : Depo doldu, tamam.
Hamza Bey: Borcumuz ne kadar?
Benzinci : 37 litre, 6.401 lira yaptı.
Hamza Bey: Neden o kadar yaptı? Benzinin litresi kaç lira?
Benzinci : 173 lira.
Hamza Bey: 173 lira mı? Daha iki gün önce 165 liraydı.
Benzinci : Bu sabah benzine zam geldi. Herhalde siz duymadınız.
İsmail Bey : Doğru, bu sabah radyoda ben de dinledim. Benzine yeni zam geldi.
Hamza Bey: Ama bu kadar da olmaz ki, her gün yeni bir zam.

Benzinci : Doların değeri yükseldikçe benzine de zam geliyor.

İsmail Bey : Enflasyona bir türlü çare bulunamadı. Her gün doların değeri yükseliyor. Tabii olarak bu da benzine ve diğer ithal mallarına etki ediyor.

Hamza Bey: Keşke depoyu dün doldurtsaymışız. Bu zamdan biraz daha az etkilenirdik.

İsmail Bey : Buraya kadar gelmişken arabanın yağını da değiştirelim. Uzun yola çıkacağız.

Benzinci : Servis yan tarafta. Arabayı yan tarafa alın. Ama lütfen servis önüne park etmeyin. Başka arabalar da geliyor.

Hamza Bey: Arabaya genel bir bakım yaptırsak iyi olur. Fren de pek iyi tutmuyor.

İsmail Bey : Freni mutlaka kontrol ettirelim. Bugünkü gazetede okudum. Yine bir kamyon ile araba çarpışmış. Trafik kazaları gittikçe artıyor.

Hamza Bey: Hızlı gidiyorlar, fazla sürat yapıyorlar. Trafik kazaları genellikle bu yüzden oluyor.

İsmail Bey : Bazen de teknik arızalar kazalara sebep olabiliyor. Fren tutmuyor, lastik patlıyor...

Hamza Bey: Aman Allah göstermesin. Özellikle ön lastiğin patlaması çok tehlikeli. Araba birden dengesini kaybedip devriliyor. Biz lastikleri bir kontrol ettirelim. Gerekirse yenisini alalım.

İsmail Bey : Arabanın genel bakımını tamamen yaptırmadan yola çıkmayalım.

Uzun yola çıkılacak. Araba genel bir bakımdan geçiriliyor. Yağı değiştiriliyor. Frenleri kontrol ediliyor. Rot ve balans ayarları yapılıyor.

Trafik kazalarının sebeplerinden biri de lastik patlaması. Lastikler gözden geçiriliyor. Havaları kontrol ediliyor. Sol ön lastiğin havası biraz inmiş. Yeniden hava basılıyor. Fakat çok hafif hava kaçırdığı tespit ediliyor.

Hamza Bey yeni lastiklere bakıyor. Sol ön lastik artık eskidiğinden değiştirmeye karar veriyor. Yeni bir lastik alıyor. Sol ön lastik değiştiriliyor. Böylece lastiklerin dördü de sağlam oluyor.

Arabanın genel bakımı bittikten sonra Hamza Bey direksiyona geçiyor. İsmail Bey de yanına oturuyor. İkisi de güven içinde. Çünkü arabanın bütün bakımı yapılmış. Gönülleri rahat, yola çıkıyorlar.

KAMYONLA ARABA ÇARPIŞTI

Ankara-İstanbul yolunda meydana gelen kazada iki kişi öldü, üç kişi de ağır yaralandı.

Ankara Emniyet Müdürlüğü yetkililerinden alınan bilgilere göre kaza dün gece 21.40'ta meydana geldi. Hulusi Hatipoğlu yönetimindeki 06 LS 869 plakalı özel otomobil, karşıdan gelmekte olan Mahmut Cevizci yönetimindeki 34 EL 568 plakalı kamyon ile çarpıştı. Özel otomobilde bulunan beş kişiden biri hemen olay yerinde öldü. Diğer dört kişi, kamyon şoförüyle birlikte hemen trafik hastanesine kaldırıldı. Şerafettin Ateşoğlu doktorların bütün müdahalelerine rağmen kurtarılamadı. Diğer üç yaralının ölüm tehlikesini atlattıkları ve durumlarının iyiye doğru gittiği belirtildi.

Kazadan hafif sıyrıklarla kurtulan kamyon şoförü suçun kendisinde olmadığını ve özel otomobilin aniden üzerine doğru gelerek çarptığını söyledi. Fakat kamyon şoförünün, yapılan muayene sonucunda alkollü olduğu tespit edildi.

Dilbilgisi:

İşteş eylem: -ş- (-ış-, -iş-, -uş-, -üş-)

1. İşteş eylemlerde birden fazla kişi işi karşılıklı yaparlar.

a) Hamza Bey İsmail Beyi selamladı.
b) İsmail Bey Hamza Beyi selamladı.
Hamza Bey ile İsmail Bey selamla**ş**tılar.

a) Araba kamyona çarptı.
b) Kamyon arabaya çarptı.
Araba ile kamyon çarp**ış**tılar.

a) Ayşe sınıfta Mahmut'a baktı.
b) Mahmut sınıfta Ayşe'ye baktı.
Ayşe ile Mahmut sınıfta bak**ış**tılar.

a) Ev sahibi hırsızı saatlerce dövdü.
b) Hırsız ev sahibini saatlerce dövdü.
Ev sahibi ile hırsız saatlerce döv**üş**tüler.

a) Hamza Bey, İsmail Beyi Konya'da buldu.
b) İsmail Bey, Hamza Beyi Konya'da buldu.
Hamza Bey ve İsmail Bey Konya'da bul**uş**tular.

2. İşteş eylemlerde birden fazla kişi işi birlikte yaparlar.

a) Hamza Bey olay yerine koştu.
b) İsmail Bey olay yerine koştu.
Hamza Bey ve İsmail Bey olay yerine koş**uş**tular.

a) Meryem Hanım Sedat Beyin ölümüne ağladı.
b) Çocuklar Sedat Beyin ölümüne ağladı.
Meryem Hanım ve çocuklar, Sedat Beyin ölümüne ağla**ş**tılar.

a) Okulda yangın çıkınca öğrenciler bahçeye kaçtılar.
b) Okulda yangın çıkınca öğretmenler bahçeye kaçtılar.
Okulda yangın çıkınca öğrenciler ve öğretmenler bahçeye kaç**ış**tılar.

3. -ş- işteş eki isimden eylem yapan -la-(-le-) eki üzerine gelir.

hesap, hesap - la - mak, hesap - la - **ş** - mak
Önümüzdeki hafta mutlaka seninle hesapla**ş**acağım.

su, su - la - mak, su - la - **ş** - mak
Havuzda çocuklar birbirleriyle saatlerce sula**ş**tılar.

kucak, kucak - la - mak, kucak - la - **ş** - mak
Anne ile oğul, yıllar süren ayrılıktan sonra istasyonda hasretle kucakla**ş**tılar.

Ortaç: -dikten sonra

a. Cumhurbaşkanı gelecek.
b. Sonra tören başlayacak.
Cumhurbaşkanı gel**dikten sonra** tören başlayacak.
— Tören ne zaman başlayacak?
— Cumhurbaşkanı gel**dikten sonra.**

a. Sabahları uyanırım.
b. Sonra çantamı hazırlarım.
Sabahları uyan**dıktan sonra** çantamı hazırlarım.
— Çantanı ne zaman hazırlarsın?
Uyan**dıktan sonra.**

a. Çantamı hazırlarım.
b. Sonra kahvaltı yaparım.
Çantamı hazırla**dıktan sonra** kahvaltı yaparım.
— Ne zaman kahvaltı yaparsın?
— Çantamı hazırla**dıktan sonra.**

a. Ders çalışırım.
b. Sonra televizyon seyrederim.
Ders çalış**tıktan sonra** televizyon seyrederim.
— Ne zaman televizyon seyredersin?
— Ders çalış**tıktan sonra.**

a. Kitabı okudum.
b. Sonra Mustafa'ya verdim.
Kitabı oku**duktan sonra** Mustafa'ya verdim.

a. Okuldan çıkacaksın.
b. Sonra beni bekleyeceksin.
Okuldan çık**tıktan sonra** beni bekleyeceksin.

Alıştırmalar:

1. Lütfen cevap veriniz.

1. Benzine niçin zam geliyor?
2. Sizin ülkenizde de enflasyon var mı?
3. Hamza Bey arabayı niçin genel bakıma götürüyor?
4. Serviste arabanın nereleri yapılıyor?
5. Trafik kazaları hangi sebeplerden oluyor?

2. Lütfen edilgen eyleme çeviriniz

Benzinci arabanın deposuna benzin doldurdu. Arabanın deposuna benzin doldur**ul**du.

1. Hamza Bey arabaya 37 litre benzin aldı.

....

2. Hükümet benzinin litresine 8 lira zam yaptı.

....

3. Hamza Bey frenleri kontrol etti.

....

4. Usta arabanın yağını değiştirdi.

....

5. Hamza Bey ve İsmail Bey Konya'ya gittiler.

....

6. Usta arabanın genel bakımını tamamladı.

....

7. Hamza Bey arabaya yeni bir lastik aldı ve taktı.

....

3. Lütfen eylemi işteş yapınız.

Bisiklet arabaya çarptı. — Bisiklet arabayla çarpıştı.

1. Hamza Beyi tanıdım. ....
2. İsmail Beye borcumu ödedim. ....
3. Öğrenci öğretmeni selamladı. ....
4. Sinan'ı annesi istasyonda karşıladı. ....
5. Kazada ölenlere herkes ağladı. ....
6. Anne kızını öptü. ....
7. Bahçede yüzlerce kuş öttü. ....
8. Öğrenciler bahçeye koştu. ....

4. Lütfen örnekteki gibi yapınız.

Biraz dinlendi, sonra çalıştı. — Biraz dinlendikten sonra çalıştı.

1. Biraz okudu, sonra gitti. ....
2. Paltosunu giydi, sonra çıktı. ....
3. Gazete aldı, sonra okudu. ....
4. Bir şiir okudu, sonra sustu. ....
5. Sınıfa girdi, sonra oturdu. ....
6. İzmir'e gitti, sonra döndü. ....

5. Lütfen örnekteki gibi yapınız.

a. Sabahları uyanırım. b. Dişlerimi fırçalarım. Sabahları uyandıktan sonra dişlerimi fırçalarım.

a. Öğrenciler yerlerine oturdular.
b. Kitaplarını açtılar.

....

a. Berna Hanım giyindi.
b. Telefonla konuştu.

....

a. Lütfi Bey kravatını taktı.
b. Aynaya baktı.

....

a. Berna Hanım ve Lütfi Bey hazırlandılar.
b. Evden çıktılar.

....

6. Lütfen cümle kurunuz.

uyanmak - kahvaltı yapmak — Uyandıktan sonra kahvaltı yaptım.

1. trene binmek-yerine oturmak ....
2. ilaç içmek-uyumak ....
3. diş çektirmek-rahat etmek ....
4. pasta yemek-hastalanmak ....
5. üşümek-öksürmeye başlamak ....
6. liseyi bitirmek-üniversiteye gitmek ....
7. adresi sormak-evi bulmak ....

7. Lütfen yeterlik eylemine çeviriniz.

Neyse eve zamanında geldik. — Neyşe eve zamanında gel**ebil**dik

1. Arabanın deposuna benzin dolduruldu. ....
2. Arabanın lastiğine hava basıldı. ....
3. Arabanın yağı değiştirildi. ....
4. Konya'ya iki saatte gidildi. ....
5. Eve tam zamanında gelindi. ....
6. Yaralı hastaneye zamanında yetiştirildi. ....
7. Şoförün alkollü olduğu tespit edildi. ....
8. Suçlu olay yerinde tutuklandı. ....

USTA ŞOFÖR

13

Lütfi Bey usta şofördü. Birgün Berna Hanımı ve çocukları gezmeye götürmek istedi. Cuma akşamı eve gelince düşüncesini Berna Hanıma ve çocuklara açtı. Çocuklar haberi duyar duymaz sevinçle babalarının boynuna sarıldılar. Berna Hanım mutfaktaydı. Elinde tencere heyecanla koşa koşa Lütfi Beyin yanına geldi. Gezi için nereye gideceklerini sordu. Lütfi Bey ''söylemem'' dedi. ''Sürpriz olaçak. Mutlaka çok beğeneceksiniz. Sizi çok güzel bir yere götüreceğim.''

Berna Hanım sofrayı hazırladı. Çocuklar yemeklerini yer yemez hemen uyudular. Sabahleyin erkenden kalkar kalkmaz elbiselerini giydiler. Lütfi Beyden önce koşa koşa arabaya gittiler. Berna Hanım akşam pişirdiği yemeklerden yol için bir paket yaptı. Lütfi Beyle arabanın yanına gittiler. Çocuklar sabırsızlıkla arabaya bindiler. Berna Hanım da tatil yapacağı için çok sevinçliydi. Lütfi Bey direksiyona geçti, motoru çalıştırdı ve hep birlikte yola koyuldular.

Güzel bir yaz günüydü. Lütfi Bey çevreyi seyredebilmek için oldukça yavaş gidiyordu. Yolun kenarında tarlalarda ve bahçelerde güzel kır çiçekleri vardı. Berna Hanım gezi için nereye gittiklerini sordu. Lütfi Bey "Yedi Göller'e gidiyoruz" diye cevap verdi. Bu sürprize hepsi çok sevindi. Çünkü Yedi Göller çok güzel bir yerdi. Bu sırada motor birden tekledi ve araba durdu. Lütfi Bey arabadan indi. Motorun kapağını açtı. Motorun her tarafını güzelce bir kontrol etti. Arabaya yeniden bindi. Motoru çalıştırmayı denedi. Fakat ne yaptıysa araba çalışmadı. Yeniden arabadan indi. Çocuklar arabada çok sıkıldıkları için yolun kenarındaki bahçelere gidip çiçek toplamaya başladılar. Berna Hanım da Lütfi Beye yardım etti. Arabanın yağını, bütün kablolarını, buji, akü ve radyatörün suyunu iyice kontrol ettiler. Lütfi Bey arabanın altına baktı. Defalarca denedi. Araba bir türlü çalışmadı. Yanlarından birçok kamyon, araba geldi geçti. Öğle sıcağı bastırdı. İkisi de sırıl sıklam ter içinde kaldı. Berna Hanım başka arabaların şoförlerinden yardım istemeyi teklif etti. Lütfi Bey şiddetle karşı çıktı. "Benim yapamadığım bir arızayı, başka şoförler nasıl yapabilir?" dedi. Berna Hanım çok yoruldu. Arabaya bindi, gözü benzin göstergesinin ibresine ilişti. İbre sıfırdaydı. "Lütfi, sen bu motoru çalıştıramayacaksın" dedi. Lütfi Bey sinirlendi. "Hanım, beş dakika daha sabret, bak nasıl çalıştıracağım" dedi. Berna Hanım: "Beş ay da geçse çalıştıramazsın. Çünkü motor sapasağlam. Sadece arabanın benzini bitmiş..." dedi.

Motor birden durunca Lütfi Bey, Berna Hanım ve çocuklar arabadan iniyorlar. Lütfi Bey motorun kapağını açıyor. Arızayı bulmaya çalışıyor. Lütfi Bey usta bir şoför olduğunu ve arızayı hemen bulup yapacağını söylüyor.

Lütfi Bey motoru iyice gözden geçiriyor. Bütün kabloların bağlantı yerlerini kontrol ediyor. Motorun yağına, radyatörün suyuna bakıyor. Bujiyi temizliyor. Hepsini normal buluyor. Ama araba bir türlü çalışmıyor.

Berna Hanım, Lütfi Beye başka arabaların şoförlerinden yardım istemeyi teklif ediyor. Lütfi Bey arızayı tek başına giderebileceğini, başka kimsenin yardımına ihtiyacı olmadığını söylüyor.

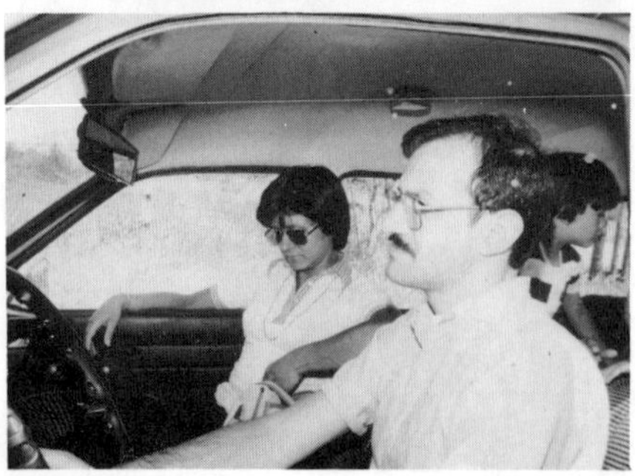

Berna Hanım arabanın benzin göstergesine bakıyor. Benzinin bittiğini anlıyor. Lütfi Bey bir arabaya binerek en yakın benzin istasyonuna gidiyor. Bir bidon benzin alarak geri dönüyor. Depoya benzini koyuyor. Araba hemen çalışıyor. Hepsi yorgun ve bitkin halde yola devam ediyorlar.

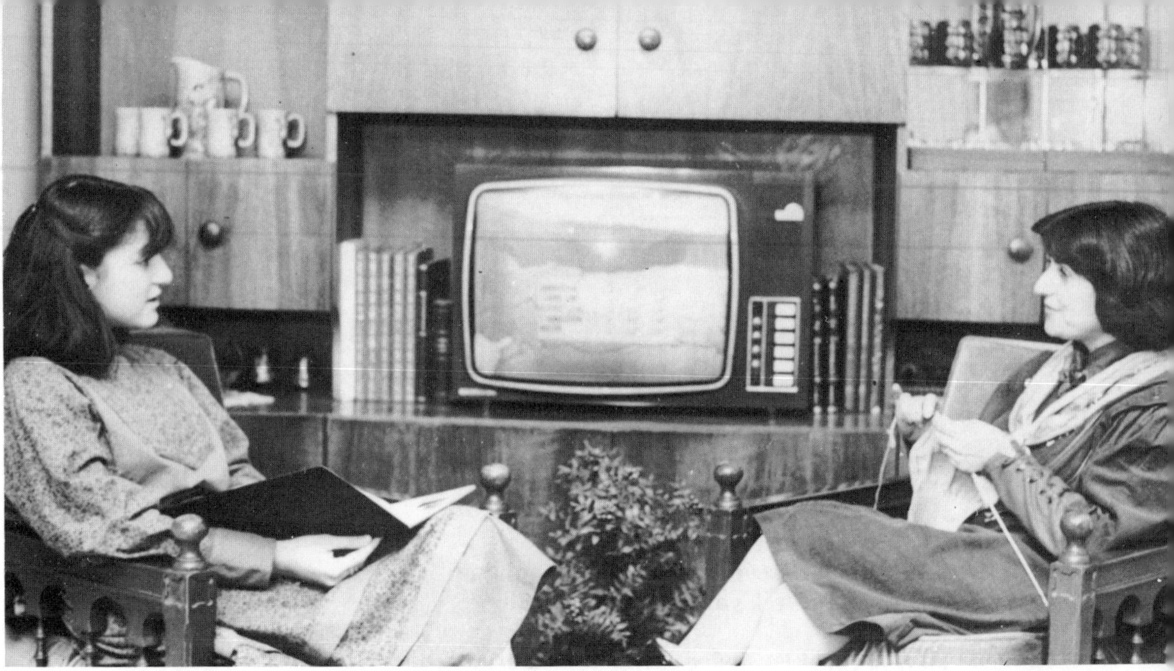

İKLİM DENGESİ

Nesil : Ablacığım, yaz geldi geleli hiç bir yere gitmediniz. Çok çalıştınız, tatil yapmadınız.

Esen Hanım: Haklısın, Nesilciğim. Bu yaz işler çok yoğun oldu. Bereket Allahtan havalar serin geçti. Rahat çalışabildik.

Nesil : Doğru bu yaz sıcak yüzü görmedik. Ankara yaz aylarında hiç bu kadar serin geçmedi.

Esen Hanım: Dinle bak, televizyon hava raporunu veriyor. Ağustos ayının ortasındayız. Yarın hava gök gürültülü, sağanak yağışlı. İki gün önce yazdı ve hava sıcaklığı 41 dereceydi. Dün yağmur yağdı. Bugün iyi geçti. Yarın yine yağmur yağacak. Ne giyeceğimizi şaşırdık. iklim dengesi iyice kayboldu.

Nesil : Ama ablacığım, Alanya, Antalya gibi güney kıyılarımızda bulunan bütün şehirler çok sıcak. Oralarda sıcaklık 35-40 derecenin altına hiç düşmedi.

Esen Hanım: Güney kıyılarımız kasımda da sıcak. Ama İç Anadolu Bölgesinde iklim dengesi kalmadı. Avrupa'da da iklim dengesi kalmamış diyorlar. Bu havalara bir şeyler oldu.

Nesil : Peki, bu yıl hiç tatil yapmayı düşünmüyor musunuz?

Esen Hanım: Bu yaz tatile çıkacak zamanım yok. Ama kışın yıllık iznimi alıp tatile çıksan iyi olacak.

Nesil : Nereye gitmeyi düşünüyorsunuz?

Esen Hanım: Bursa'ya gitmeyi düşünüyorum. Birsen ile Haşim'i çok özledim. Hele Ceren, burnumda tütüyor. Birkaç gün Birsenlerde kalırım. Oradan da Uludağ'a geçerim. İznimizi hep yaz aylarında kullanıyoruz. Kış sporlarını ihmal ediyoruz. Bu kış Uludağ'da bir hoca tutup kayak kaymayı öğrenmek istiyorum.

Dilbilgisi:

Ulaç: -a (-e)

Çocuklar koş**a** koş**a** arabaya gittiler.
Çocuklar koş**arak** arabaya gittiler.

Lütfi Bey etrafı seyred**e** seyred**e** yavaş araba kullandı.
Lütfi Bey etrafı seyred**erek** yavaş araba kullandı.

Berna Hanım ve çocuklar sevin**e** sevin**e** yemeklerini yediler.
Berna Hanım ve çocuklar sevin**erek** yemeklerini yediler.

Çocuklar çiçek toplay**a** toplay**a** bahçeleri gezdiler.
Çocuklar çiçek toplay**arak** bahçeleri gezdiler.

Lütfi Bey düşün**e** düşün**e** arızayı bulmaya çalıştı.
Lütfi Bey düşün**erek** arızayı bulmaya çalıştı.

Berna Hanım üzül**e** üzül**e** eve geri döndü.
Berna Hanım üzül**erek** eve geri döndü.

Çocuklar hoplay**a** zıplay**a** kır çiçekleri topladılar.
Çocuklar hoplayıp zıplay**arak** kır çiçekleri topladılar.

2. -alı (-eli)

Esen Hanım yaz geldi gel**eli** tatile çıkmadı.
Esen Hanım yaz geldiğin**den beri** tatile çıkmadı.

İstanbul'a gitti gid**eli** bir mektup bile yazmadı.
İstanbul'a gittiğin**den beri** bir mektup bile yazmadı.

Hastaneden çıktı çık**alı** bir şey yemedi.
Hastaneden çıktığın**dan beri** bir şey yemedi.

Nesil, araba aldı al**alı** bize hiç uğramadı.
Nesil, araba aldığın**dan beri** bize hiç uğramadı.

Ortaç: -ır (-ir, -ur, -ür), -ar (-er)

Çocuklar uyan**ır** uyan**maz** hemen arabaya koştular.
Çocuklar uyan**ınca** hemen arabaya koştular.

Berna Hanım yemeğini ye**r** ye**mez** hemen yattı.
Berna Hanım yemeğini yiy**ince** hemen yattı.

Lütfi Bey yola çık**ar** çık**maz** araba arıza yaptı.
Lütfi Bey yola çık**ınca** araba arıza yaptı.

Arabaya benzin koy**ar** koy**maz** hemen çalıştı.
Arabaya benzin koy**unca** hemen çalıştı.

2. -mış (-miş, -muş, -müş)

pişmek + yemek : piş**miş** yemek
Berna Hanım piş**miş** yemekleri masaya getirdi.

yazmak + mektup : yazıl**mış** mektup
Lütfi Bey yazıl**mış** mektupları çekmeceye koydu.

görmek + dosya : görül**müş** dosya
Müdür, görül**müş** dosyaları sekreterine yeniden iade etti.

ezmek + domates : ezil**miş** domates
Berna Hanım ezil**miş** domatesleri paketten dışarı çıkardı.

Alıştırmalar:

1. Lütfen cevap veriniz.

1. Lütfi Bey usta bir şoför müdür?
2. Berna Hanım gezi için nasıl bir hazırlık yapıyor?
3. Geziye hangi mevsimde çıkıyorlar?
4. Gezi için nereye gidiyorlar?
5. Lütfi Bey arabayı niçin yavaş kullanıyor?
6. Arabanın neresi bozuluyor?
7. Lütfi Bey başka şoförlerden niçin yardım istemiyor?

2. Lütfen örnekteki gibi yapınız.

1. Ödevi kitaba baka baka yazdı.	Ödevi kitaba bak**arak** yazdı.
2. Sevine sevine paraları aldı.	....
3. Gide gele adamı usandırdı.	....
4. Ağlaya ağlaya eve geldi.	....
5. Yerde sürüne sürüne avına yaklaştı.	....
6. Top oynaya oynaya pantolonunu eskitti.	....

3. Lütfen örnekteki gibi yapınız.

Halil Bey zengin oldu ol**alı** bize hiç gelmedi.
Halit Bey zengin oldu**ğundan beri** bize hiç gelmedi.

1. Esen Hanım işe girdi gireli kendine ayıracak zaman bulamadı.

....

2. Nermin okul açıldı açılalı sinemaya gidemedi.

....

3. Avrupa'ya gitti gideli, bir tek mektup yazmadı.

....

4. Erksin Hanım dişlerini çektirdi çektireli diş ağrısı kalmadı.

....

4. Lütfen örnekteki gibi yapınız.

Berna Hanım uyan**ır** uyan**maz** hemen kahvaltıyı hazırladı. Berna Hanım uyan**ınca** hemen kahvaltıyı hazırladı.

1. Esen Hanım mektubu yazar yazmaz hemen postaya attı.

....

2. Lütfi Bey araba bozulur bozulmaz hemen aşağı indi.

....

3. Araba yapılır yapılmaz hemen yola koyuldular.

....

4. Benzin biter bitmez araba hemen durdu.

....

5. Çocuklar yatağa girer girmez hemen uyudular.

....

5. Lütfen ortaç yapınız.

pişmek + süt - piş**miş** süt

1. solmak + çiçek ....
2. koparılmak + çiçek ....
3. bozulmak + saat ....
4. okunmak + kitap ....
5. yazılmak + mektup ....
6. çalınmak + eşya ....

Bakınız ve anlatınız.

6. Lütfen cümle kurunuz.

arabalar-için-gittiği-trafik-oluyor-hızlı-çok-kazaları Arabalar hızlı gittiği için trafik kazaları çok oluyor.

1. çocuk-dün-biraz-hasta-içebildi-çorba-akşam

....

2. sınav-için-yarın-gidemeyeceğim-olduğu-görmeye-onu

....

3. bize-vermeden-o-hiçbir-haber-gitmeyecek-yere

....

4. kaldığına-kaçırdı-göre-geç-yine-otobüsü

....

5. göre-gelmiş-ay-konuştuğuna-Türkçe-önce-birkaç-Türkiye'ye

....

6. vermeden-hiçbir-gitmem-sana-yere-haber

....

7. seyredemem-unuttum-televizyon-çünkü-gözlüğümü

....

8. üç-önce-ay-subay-göre-olduğuna-Okulunu-Harp-bitirmiş-yeni

....

9. göre-cevap-anlamadı-vermediğine-soruyu-sorduğun

....

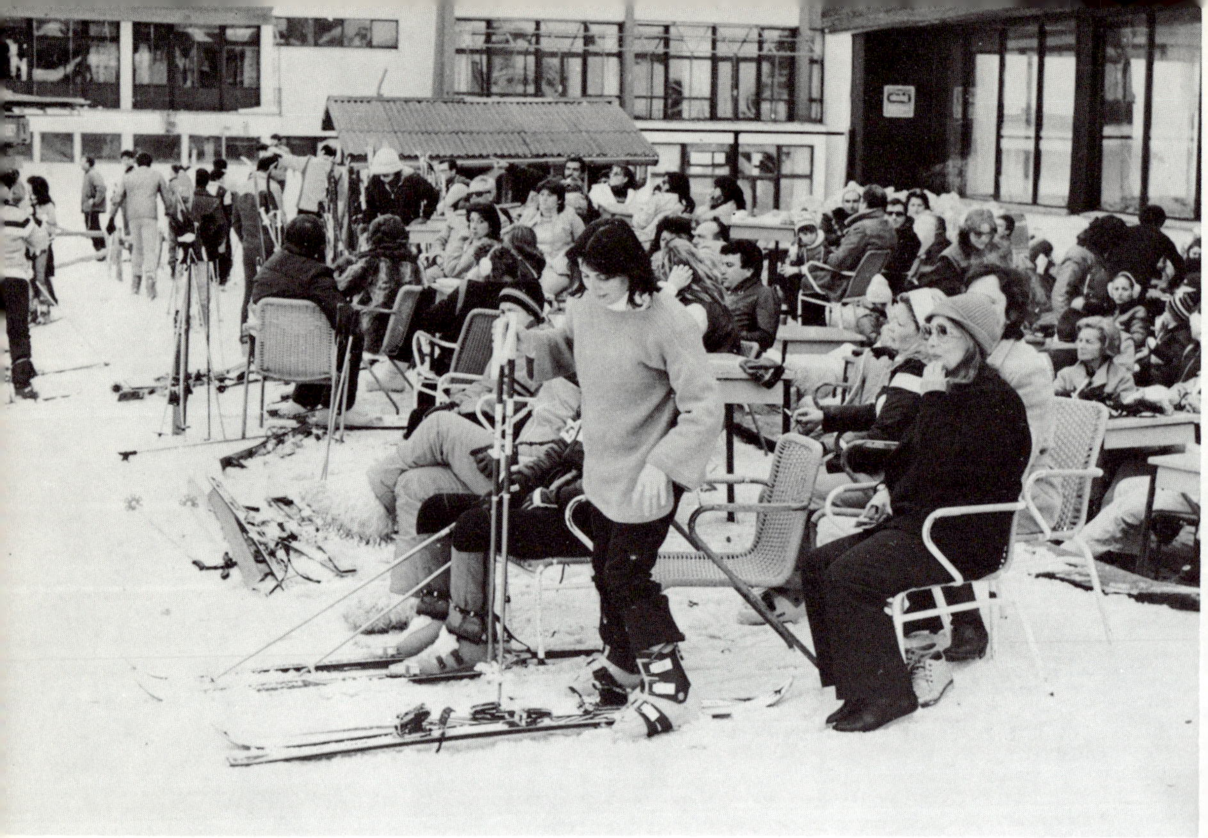

14

ULUDAĞ'DA

Esen Hanım bu yaz hiç tatile çıkamadı. İşleri çok yorucu ve yoğundu. Bu sebeple kışın Uludağ'a gitmeye karar verdi. Şubat ayında yirmi günlük izin aldı. Büyük bir sevinçle Bursa'ya hareket etti. Bursa'da ablası Birsen'e uğradı. Birkaç gün orada kalarak Uludağ'a hareket etti. Zaten Uludağ Bursa'ya ortalama 30 kilometrelik bir mesafede idi.

Esen Hanım Uludağ'da güzel bir otele yerleşti. Birsen, Haşim ve Ceren, Esen Hanıma "Seni hafta sonları ziyaret edeceğiz" dediler. Esen Hanım otele eşyalarını yerleştirir yerleştirmez pencereye koştu. Kayak yapanları seyretti. Uludağ'da kar kalınlığı 170 cm idi. Temiz ve güzel bir hava vardı. Esen Hanım uzun süre pencereden rengarenk elbiseler içinde kayak yapanları seyretti; onlara gıptayla baktı. Büyük bir hevesle otelin resepsiyonuna indi. Bir kayak hocası istedi. Muzaffer Bey Uludağ'da uzun süredir çalışan tecrübeli ve iyi bir kayak hocasıydı. Esen Hanım Muzaffer Beyle tanıştı. Hemen aynı gün derslere başladılar.

Esen Hanım kayak elbiselerini giydi. Muzaffer Beyle piste çıktılar. Esen Hanım büyük bir dikkatle hocasını dinledi. Onun her söylediğini harfi harfine yaptı. Az sonra kayak yapmak isteyen bir bayan, Esen Hanımın yanına geldi. Muzaffer Beyin söylediklerini o da dinledi. Kısa bir dersten sonra kayak hocası Esen Hanıma artık kayabileceğini söyledi. Esen Hanım inanamadı. İkisi de teleskiye tutunarak dağın tepesine çıktılar. Esen Hanım dağın tepesinden aşağıya baktı. Her şey çok güzel, fakat korku doluydu. "Ya bir düşersem" diye düşündü. Hocası onun bu korkusunu anladı. "korkmayın" dedi. "Bütün kayakçılar düşerler kayağı düşe kalka öğrenirler. Ama siz düşmeyeceksiniz. Çünkü çok hevesli ve dikkatlisiniz. Üstelik ben yanınızdayım. Hiç korkmayın."

Esen Hanım derin bir nefes aldı. Kendini aşağı doğru bıraktı. Hiç düşmeden aşağıya kadar kaydı. Kendini bir çocuk gibi mutlu ve bir kuş kadar hafif hissetti. O gece sevinçten sabaha kadar uyuyamadı. Ertesi gün erkenden piste koştu. Akşama kadar hiç usunmadan kaydı. Bu arada iki defa düştü. Fakat hocasının sözünü unutmadı: "Düşmeyen kayakçı yoktur. Bütün kayakçılar düşe kalka öğrenirler..,

Esen Hanım Uludağ'da kayak yapmayı öğreniyor. Bu sırada Uludağ'ın güzelliklerine hayran oluyor. Uludağ 2543 metre yüksekliğindedir. Bursa'ya 30 km. uzaklıktadır. Bursa'dan Uludağ'a teleferikle on beş dakikada gidilir. Kış sporları için binlerce kişi Uludağ'a gelir. Kasım ayından nisana kadar kış sporları yaparlar.

Birçok kayakçı telesiyeje binerek dağın tepesine çıkıyor. Esen Hanım da telesiyejde bir taraftan manzaranın güzelliğini seyrediyor, bir taraftan da kayakçıların resimlerini çekiyor. Her şey o kadar güzel ki Ankara'ya döndüğünde Uludağ'la ilgili bir fotoğraf sergisi açmayı düşünüyor.

Esen Hanım şimdi Uludağ'ın tepesinde. Bütün tesisler bir arada, tesislerin önünde insanlar ufacık birer karınca gibi görünüyor. Karşı dağlarda çam ormanları var. Uludağ denize de çok yakın. Sadece 24 km. mesafede.

Kayakçılar da manzaranın güzelliğine hayran. Hem kayak yapıyor. hem de çam ormanlarını ve uzakta görünen denizi seyrediyorlar. Mart ayında Uludağ'a gelenler, hem dağda kayak yapabilir, hem de denize gidip yüzebilirler.

İLK HEYECAN

Esen Hanım : Ay! O kadar heyecanlıyım ki!.. Gerçekten kayabilecek miyim?

Kayak Hocası: Elbette kayacaksınız. Bütün kayakçılar, ilk defa kayarken sizin gibi heyecanlanırlar. Sonra da kayağı öğrenince, dağdan aşağı kuş gibi uçarlar.

Esen Hanım : Ya, düşersem!..

Kayak Hocası: Elbette düşeceksiniz. Ben de çok düştüm.

Esen Hanım : Düşecek miyim? Ya, bir yerim kırılırsa!..

Kayak Hocası: Aşağıda bir ambülans bekliyor. İlk yardım ekibi de daima hazır. Sizi hemen bir hastaneye kaldırabiliriz.

Esen Hanım : Ama ben tatilimi hastanelerde geçirmek istemem.

Kayak Hocası: Canım, ben şaka yapıyorum. Acemi kayakçılar hızlı kaymadıkları için pek düşmezler. Yavaş yavaş kayacaksınız. Ben yanınızda olacağım. Dengenizi kaybedip düşecek gibi olursanız, hemen usulca poponuzun üzerine oturacaksınız.

Esen Hanım : Yani düşmesini de öğrenmem gerekiyor.

Kayak Hocası: Evet, öyle. Düşmez kalkmaz bir Allah.

Esen Hanım : Siz de düştünüz mü?

Kayak Hocası: Elbette, çok düştüm. Ama düşmesini de, kalkmasını da öğrendim.

Esen Hanım : İşte tepeye geldik.

Kayak Hocası: Haydi bakalım, şansınız açık olsun.

Esen Hanım : Teşekkür ederim. Dediklerinizi unutmayacağım. Yavaş yavaş kayacağım, heyacanlanmayacağım, dengemi kaybedersem, usulca popomun üstüne oturacağım.

Dilbilgisi:

Şimdiki zaman	Geniş zaman	Belirli geçmiş	Belirsiz geçmiş	Gelecek zaman
seviyorum	severim	sevdim	sevmişim	seveceğim
seviyorsun	seversin	sevdin	sevmişsin	seveceksin
seviyor	sever	sevdi	sevmiş	sevecek
seviyoruz	severiz	sevdik	sevmişiz	seveceğiz
seviyorsunuz	seversiniz	sevdiniz	sevmişsiniz	seveceksiniz
seviyorlar	severler	sevdiler	sevmişler	sevecekler

sevmiyorum	sevmem	sevmedim	sevmemişim	sevmeyeceğim
sevmiyorsun	sevmezsin	sevmedin	sevmemişsin	sevmeyeceksin
sevmiyor	sevmez	sevmedi	sevmemiş	sevmeyecek
sevmiyoruz	sevmeyiz	sevmedik	sevmemişiz	sevmeyeceğiz
sevmiyorsunuz	sevmezsiniz	sevmediniz	sevmemişsiniz	sevmeyeceksiniz
sevmiyorlar	sevmezler	sevmediler	sevmemişler	sevmeyecekler

Dilek	İstek	Gereklik	Emir
sevsem	seveyim	sevmeliyim	....
sevsen	sevesin	sevmelisin	sev
sevse	seve	sevmeli	sevsin
sevsek	sevelim	sevmeliyiz	....
sevseniz	sevesiniz	sevmelisiniz	sevin, seviniz
sevseler	seveler	sevmeliler	sevsinler

sevmesem	sevemeyim	sevmemeliyim	....
sevmesen	sevemesin	sevmemelisin	sevme
sevmese	seveme	sevmemeli	sevmesin
sevmesek	sevemeyelim	sevmemeliyiz	....
sevmeseniz	sevemeyesiniz	sevmemelisiniz	sevmeyin, sevmeyiniz
sevmeseler	sevemeyeler	sevmemeliler	sevmesinler

Alıştırmalar:

1. Lütfen cevap veriniz.

1. Esen Hanım yazın tatile çıkamıyor?
2. Uludağ Bursa'ya kaç kilometre uzaklıktadır?
3. Uludağ'da hava nasıldır?
4. Esen Hanım kayak yapmaktan korkuyor mu?
5. "Düşmeyen kayakçı yoktur" sözü sizce doğru mudur?

2. Lütfen yeterlik eylemine çeviriniz.

Esen Hanım kayak yaptı. — Esen Hanım kayak yapabildi.

1. Esen Hanım Uludağ'a gitti. ....
2. Muzaffer Bey kayak öğretti. ....
3. Esen Hanım teleferiğe bindi. ....
4. Esen Hanım Uludağ'dan denizi gördü. ....
5. Mart ayında denizde yüzdüler. ....
6. Esen Hanım çok fotoğraf çekti. ....

3. Lütfen edilgen eyleme çeviriniz.

1. Kışın kayak yaparlar. Kışın kayak yapılır.
2. Uludağ'a teleferikle çıktılar. ....
3. Uludağ'a arabayla gidecekler. ....
4. Uludağ'dan denizi görmüşler. ....
5. Bursa'dan Uludağ'a bir saatte gittik. ....
6. Uludağ'da çok yemek yedik. ....

4. Lütfen dilek şart kipine çeviriniz.

Dikkat et dengeni kaybetme. — Dikkat edersen dengeni kaybetmezsin.

1. Dikkat ediniz, düşmeyiniz. ....
2. Sınıfını geç, Uludağ'a git. ....
3. Teleferiğe bin, çabuk git. ....
4. En yükseğe çık, denizi gör. ....
5. Uludağ'da kalın giy, üşütme. ....
6. Spor yap, genç kal. ....

5. Lütfen ortaç yapınız.

pişmek + yemek — piş**memiş** yemek

1. bitmek + senfoni ....
2. olmak + meyve ....
3. çekilmek + diş ....
4. kurumak + çamaşır ....
5. kirlenmek + su ....
6. okumak + gazete ....

6. Lütfen gereklik kipine çeviriniz.

1. Kayarken dikkat ediniz. — Kayarken dikkat etmelisiniz.
2. Başka kayakçılarla çarpışmayınız. ....
3. İyi öğrenmeden hızlı kaymayınız. ....
4. Yatmadan önce süt içiniz. ....
5. Yaralanırsanız, doktora gidiniz. ....
6. Sisli havalarda uzağa gitmeyiniz. ....

7. Lütfen zıt anlamlı kelimeleri bulunuz.

acı - ekşi - tuzlu - tatlı —— acı - tatlı

1. açık - berrak - kapalı - basit ....
2. ağlamak - gülmek- üzülmek - acımak ....
3. anlayışlı - akılsız - dahi - akıllı ....
4. İkindi - akşam - gece - sabah ....
5. sevgili - dost - arkadaş - düşman ....
6. dul - evli - evlenmemiş - bekâr ....

8. Lütfen eş anlamlı kelimeleri bulunuz.

istemek - ısmarlam - arzu etmek - sevmek —— istemek - arzu etmek

1. dinlemek - duymak - işitmek - beklemek ....
2. kadın - anne - kız - bayan ....
3. merhaba - günaydın - iyi geceler - selam ....
4. rejim yapmak - şişmanlamak - kilo almak ....
5. melek - Tanrı - şeytan - Allah ....
6. affetmek - özür dilemek - bağışlamak ....

9. Lütfen -lı ve -sız ekiyle sıfat yapınız.

kar + hava = kar**lı** hava, kar**sız** hava

1. yağmur + hava ....
2. buz + yol ....
3. araba + adam ....
4. sis + hava ....
5. bulut + gökyüzü ....
6. güneş + hava ....
7. gözlük + kadın ....
8. şapka + adam ....

BUGÜN HAVA ÇOK GÜZEL. RAHATÇA KAYABILIRIM.
DUUUR! SAKIN KAYMA! ÇOK ÖNEMLI BIR ŞEYI UNUTTUN.
NEE?
HAYIR! ÇOK GEÇ...
EYVAH!
ANNEEE
SANA İLACINI İÇMENI SÖYLEYECEKTİM. YA ÜŞÜTÜP HASTA OLSAYDIN.

Weitere Langenscheidt-Sprachwerke für Türkisch

Langenscheidts Taschenwörterbuch Türkisch

Teil I: Türkisch-Deutsch

Von Prof. Dr. Karl Steuerwald. 552 Seiten. Plastikeinband.

Teil II: Deutsch-Türkisch

Völlige Neubearbeitung 1987. Von Prof. Dr. Hans Jürgen Kornrumpf. 488 Seiten. Plastikeinband.

Beide Teile auch in einem Band mit rund 80000 Stichwörtern und Wendungen. Neben dem Wortschatz der Umgangssprache sind viele Fachausdrücke aus Wirtschaft, Kultur, Politik, Verkehr, Technik und Sport aufgenommen. Ein zuverlässiges Hilfsmittel für deutsche und türkische Benutzer.

Langenscheidts Universal-Wörterbuch Türkisch

Das Wörterbuch für unterwegs. Türkisch-Deutsch und Deutsch-Türkisch in einem Band mit etwa 30000 Stichwörtern und Wendungen. 432 Seiten. Im handlichen Pocket-Format mit flexiblem Plastikeinband.

Langenscheidts Sprachführer Türkisch

Der praktische Sprachführer mit allen wichtigen Redewendungen und Wörtern für die Reise, Ausspracheangaben und Register. Der Anhang enthält zusätzlich ein ausführliches deutsch-türkisches Reisewörterbuch mit über 3500 Stichwörtern. 240 Seiten. Übersichtlicher Zweifarben-Druck. Strapazierfähiger Plastikeinband.

Langenscheidts Reise-Set Türkisch

Sprachführer (240 Seiten) und Begleit-Cassette (C60)

Die ideale Kombination: Sprachführer mit Reisewörterbuch + Hör- und Übungscassette. Im Sprachführer findet man alle wichtigen Redewendungen, Fragen und Wörter, die man im Urlaub braucht – nach Sachgebieten geordnet. Die Cassette enthält die wichtigsten Redewendungen – mit deutscher Übersetzung zum Einprägen, mit Nachsprechpausen zum Üben der Aussprache.

Langenscheidt L

Für Ihre Reise einfach ideal...

... sind die millionenfach bewährten **Polyglott-Reiseführer** für mehr als 250 Reiseziele in aller Welt. Jeder Band hat 64 Seiten mit zahlreichen Zeichnungen, Stadtplänen und ausgezeichneten Routenkarten. Eine mehrfarbige Karte des jeweiligen Reisegebietes ist auf der Rückseite abgebildet. Im praktischen Taschenformat (11,7 × 19,4 cm).

Hier die Polyglott-Reiseführer aus dem türkischen Sprachraum in alphabetischer Reihenfolge mit Bandnummer:

Istanbul	763
Türkei	729
Türkische Mittelmeerküste	787
Zypern	803

Mehr Informationen und umfassendere Orientierung über die Türkei, das uns am nächsten liegende und für den Tourismus erschlossenste Land des Nahen Ostens, bietet Ihnen

Der Große Polyglott-Reiseführer Türkei 120

Dieser Große Polyglott-Reiseführer erschließt das Reiseland Türkei mit allgemeinen Informationen, mit Einführungen in Landeskunde, Geschichte und Kultur, mit ausführlichen Stadtbeschreibungen und 20 Reiserouten als Wegweiser durch die Küstengebiete, durch das Innere Anatoliens und durch den Osten. 398 Seiten, Format 11,7 × 19,4 cm.

Polyglott führt. Wohin Sie auch reisen.